prima plus

Leben in Deutschland

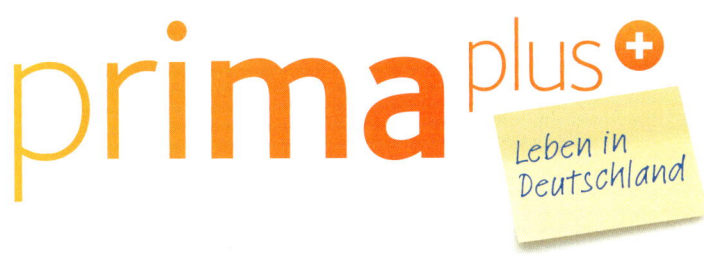

DaZ für Jugendliche

A2

D1687187

Die Audiodateien zu den Hörverstehensübungen stehen auf dieser Seite zum kostenlosen Download zur Verfügung: **cornelsen.de/webcodes**
Webcode: **prima-plus-leben-A2**

Der Mediencode enthält Hörvestehensübungen, die der Verlag in eigener Verantwortung zur Verfügung stellt.

charlotte

Cornelsen

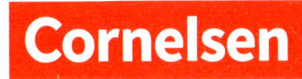

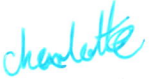

Im Auftrag des Verlages erarbeitet von
Friederike Jin und Lutz Rohrmann

Redaktion: Lutz Rohrmann, Dagmar Garve

Beratende Mitwirkung von prima plus A2.1 / A2.2: Roberto Alvarez, Michael Dahms, Katrina Griffin, Katharina Wieland, Milena Zbranková

Illustrationen: Laurent Lalo, Lukáš Fibrich (S. 13, 37, 38, 66, 67, 99, 108, 121)
Bildredaktion: Katharina Hoppe-Brill

Layoutkonzept: Rosendahl Berlin, Agentur für Markendesign
Technische Umsetzung: zweiband.media, Berlin
Umschlaggestaltung: Rosendahl Berlin, Agentur für Markendesign

Informationen zum Lehrwerksverbund von **prima plus-Leben in Deutschland** finden Sie unter:
www.cornelsen.de/prima-deutschland

www.cornelsen.de

Im Lernmittel wird in Form von Symbolen auf CDs verwiesen; diese enthalten Hörverstehensübungen. Sie unterliegen nicht dem staatlichen Zulassungsverfahren. Die Hörverstehensübungen werden zusätzlich über einen Mediencode als MP3-Download zur Verfügung gestellt.

Soweit in diesem Buch Personen fotografisch abgebildet sind und ihnen von der Redaktion Namen, Berufe, Dialoge und Ähnliches zugeordnet oder diese Personen in bestimmten Situationen dargestellt werden, sind diese Zuordnungen und Darstellungen fiktiv und dienen ausschließlich der Veranschaulichung und dem besseren Verständnis des Buchinhalts.

1. Auflage, 3. Druck 2021

Alle Drucke dieser Auflage sind inhaltlich unverändert
und können im Unterricht nebeneinander verwendet werden.

© 2017 Cornelsen Verlag GmbH, Berlin

Das Werk und seine Teile sind urheberrechtlich geschützt.
Jede Nutzung in anderen als den gesetzlich zugelassenen Fällen bedarf der
vorherigen schriftlichen Einwilligung des Verlages.
Hinweis zu §§ 60 a, 60 b UrhG: Weder das Werk noch seine Teile dürfen ohne eine
solche Einwilligung an Schulen oder in Unterrichts- und Lehrmedien (§ 60 b Abs. 3 UrhG)
vervielfältigt, insbesondere kopiert oder eingescannt, verbreitet oder in ein Netzwerk
eingestellt oder sonst öffentlich zugänglich gemacht oder wiedergegeben werden.
Dies gilt auch für Intranets von Schulen.

Druck: AZ Druck und Datentechnik GmbH, Kempten

ISBN: 978-3-06-520896-3 (Schülerbuch)
ISBN: 978-3-06-520902-1 (E-Book)

Vorwort

Das ist prima^{plus} – Leben in Deutschland

prima^{plus} – **Leben in Deutschland** richtet sich an Jugendliche in der Sekundarstufe I ohne Deutschkenntnisse und führt in drei Bänden zu den Niveaustufen A1, A2 und B1 des Gemeinsamen europäischen Referenzrahmens. Zusammen mit den neuen Arbeitsbüchern ist prima^{plus} – **Leben in Deutschland** das optimale Lehrwerk für Willkommens-, Übergangs- und Seiteneinsteigerklassen.

prima^{plus} – **Leben in Deutschland** bietet ein kompetenzorientiertes, ganzheitliches Lernprogramm mit einer flachen Progression an, das die Lernenden in den Mittelpunkt des Lernprozesses stellt und aktives Sprachhandeln fördert. Das Schülerbuch prima^{plus} – **Leben in Deutschland A2** enthält 14 Einheiten, zwei „Kleine Pausen" und zwei „Große Pausen" sowie eine Wortliste im Anhang.

Die **Einheiten** bestehen aus je acht Seiten. Die bilderreiche Einstiegsseite führt mit ersten Aufgaben zum Thema hin. Es folgen sechs Seiten mit Texten, Dialogen und vielen Aktivitäten, die die Fertigkeiten Hören, Sprechen, Lesen und Schreiben systematisch entwickeln. Die **Audio-CD sowie die MP3-Downloads zum Schülerbuch** enthalten die Dialoge, Hörtexte und die Übungen zur Aussprache. Im Sinne des europäischen Sprachenportfolios sprechen und schreiben die Schülerinnen und Schüler auch regelmäßig über sich selbst und ihre Erfahrungen.

In **klar gegliederten Lern- und Übungssequenzen** werden die vier Fertigkeiten systematisch entwickelt sowie Grammatik und Wortschatz in sinnvollen und motivierenden Kontexten vermittelt. Die Schüler und Schülerinnen werden so schrittweise befähigt, in schulischen und außerschulischen Kontexten ihre Handlungsabsichten immer differenzierter mündlich und schriftlich zu verwirklichen.

Das vierfarbige **Arbeitsbuch** unterstützt die Arbeit mit dem Schülerbuch. Zur schnellen Orientierung gibt es zu jedem Lernabschnitt im Schülerbuch unter der gleichen Nummer im Arbeitsbuch das passende Übungsangebot. Neben vielen abwechslungsreichen Übungen und Aufgaben zum Festigen und Vertiefen des Lernstoffs gibt es in jeder Einheit drei zusätzliche Seiten mit den DaZ-Schwerpunkten *Im Fach (Deutsch, Mathe, Geschichte …), Leichter lernen* und *Meine Schule*, die die sprachliche Handlungs- und Verstehensfähigkeit der Jugendlichen in und außerhalb der Schule gezielt fördern. Hinzu kommt eine Seite *Meine Wörter* zum Aufbau eines altersgemäßen Grundwortschatzes, u. a. in den Bereichen Klassenraum-, Schul- und Bildungssprache. Ziel dieser DaZ-Seiten ist es zum einen, Schritt für Schritt auf den Regelunterricht vorzubereiten und bildungssprachlich relevante Kompetenzen aufzubauen. Zum anderen helfen sie den Schülerinnen und Schülern, ihren außerschulischen Alltag besser zu bewältigen. Alle **Audios** sind zusätzlich als **MP3-Dateien** auf der Webseite zu prima^{plus} – **Leben in Deutschland** kostenlos verfügbar.

Zu den Begleitmedien gehören ein **Leitfaden für den Unterricht** sowie **Arbeitspläne** und **Materialien** zur Differenzierung und Individualisierung des Unterrichts in heterogenen Klassen. **Glossare** für wichtige Herkunftssprachen, **Testhefte** zur Vorbereitung auf die DSD 1-Prüfung sowie eine **Video-DVD** zur Entwicklung des Hör- und Sehverstehens runden unser Angebot ab.

Unter **www.cornelsen.de/daz** gibt es für die Arbeit mit prima^{plus} – **Leben in Deutschland** Zusatzmaterialien, Übungen und didaktische Tipps sowie interessante Links.

Der **digitale Unterrichtsmanager** (UM) ermöglicht es, den Unterricht abwechslungsreich mit dem Whiteboard oder dem Beamer durchzuführen. Der UM enthält das digitalisierte Schülerbuch und integriert eine Vielzahl von Medienangeboten und zusätzlichen Materialien.

Wir wünschen viel Spaß beim Deutschlernen und beim DaZ-Unterricht mit prima^{plus} – **Leben in Deutschland**!

Inhalt

1 Wie war's in den Ferien? — Seite 7

Das lernst du: Sagen, wie die Ferien waren – Vermutungen äußern – Das Wetter beschreiben – Von Ferienerlebnissen erzählen

Grammatik: Possessivartikel – Artikel im Dativ – Partizip von trennbaren und nicht trennbaren Verben **Phonetik:** Wortakzent bei Verben mit Vorsilben **Tipp:** mit Rhythmus lernen

2 Meine Pläne — Seite 15

Das lernst du: Hoffnungen und Wünsche äußern – Etwas vermuten/berichten – Über Berufe sprechen – Etwas begründen
Projekt: Trainingsplan

Grammatik: Nebensätze mit *dass*, und *weil* – Modalverben im Präteritum
Phonetik: *r, l*

3 Freundschaft — Seite 23

Das lernst du: Über Freundschaft sprechen – Um Hilfe bitten / Hilfe anbieten – Eine Geschichte erzählen – Eigenschaften benennen – Komplimente machen
Projekt: Freundschaft

Grammatik: Personalpronomen im Dativ – Verben mit Dativ und Akkusativ – Komparativ – Vergleiche
Phonetik: *h*
Tipp: mit Gesten lernen

Kleine Pause — Seite 31

Spielen und wiederholen: Kopf oder Zahl? – Fragen Spiel
Mündliche Prüfung: Teil 1

Literatur: Szene – Pillau „Der Babysitter"
Videoseiten: Wie war's in den Ferien? – Was möchtest du mal werden – Freundschaft

4 Bilder und Töne — Seite 37

Das lernst du: Über Medien sprechen – Sagen, was man darf / nicht darf – Bedingung und Zeit nennen – Anweisungen weitergeben

Grammatik: *dürfen, sollen* – Sätze mit *wenn … (dann)*
Phonetik: englische Wörter

5 Zusammenleben — Seite 45

Das lernst du: Eine Schule beschreiben – Über Gefühle sprechen – Streiten und Kompromisse finden – Regeln formulieren
Projekt: besondere Schulen

Grammatik: reflexive Verben – *welch…, jed…, dies…*
Phonetik: „p", „t", „k"
Tipp: Mimik und Tonfall

6 Das gefällt mir — Seite 53

Das lernst du: Sagen, was einem gefällt – Sachen und Personen beschreiben – Kleidung anprobieren und kaufen – Über eine Statistik sprechen

Grammatik: Adjektive vor dem Nomen
Phonetik: lange Sätze
Tipp: Adjektivendungen lernen

7 Mehr über mich — Seite 61

Das lernst du: Vermutungen äußern – Personen beschreiben – Das Datum sagen – Über die Schulzeit sprechen
Projekt: berühmte Leute

Grammatik: Ordinalzahlen – Adjektive und Ordinalzahlen im Dativ
Phonetik: Konsonanten
Tipp: Wörter ohne Wörterbuch erschließen

Große Pause — Seite 69

Spielen und wiederholen: Alles über mich! – ABC-Wortschatzspiel
Mündliche Prüfung: Teil 2

Literatur: Janisch „Der König und das Meer"
Videoseiten: Mein Tag, meine Medien – Was hörst du? – Wie gefällt dir die Hose?

Inhalt

Fitness und Sport — Seite 75

Das lernst du: Über Sport/Sportunfälle sprechen – Entschuldigungen/Ausreden
Projekte: Einen Sportler, die Lieblingssportart oder eine ungewöhnliche Sportart vorstellen
Grammatik: Komparativ und Superlativ – Superlativ vor dem Nomen
Phonetik: j
Tipp: Mit Wortfeldern und Geschichten lernen

Unsere Feste — Seite 83

Das lernst du: Nach Informationen fragen – Zustimmen/widersprechen – Aktivitäten planen – Texte über Feste schreiben
Projekt: Feste in D-A-CH / bei euch
Grammatik: indirekte W-Frage – indirekte Ja/Nein-Frage – Verb wissen
Phonetik: w, b
Tipp: Vier Schritte beim Schreiben

Austausch — Seite 91

Das lernst du: Über Ängste sprechen und jemanden beruhigen – Länder vergleichen – Sagen, wohin man im Zimmer etwas tut – Verständigungsprobleme klären
Grammatik: Konjunktion sondern – Wechselpräpositionen – Verben mit Bewegung, Verben ohne Bewegung
Phonetik: lange und kurze Vokale
Tipp: Wörter mit Fantasie erklären

Kleine Pause — Seite 99

Sprechen und Spielen: Wo sind die Sachen? – Finde eine Person, die...
Spielen und wiederholen: Würfelspiel
Mündliche Prüfung: Teil 3
Literatur: Franz Hohler „Der Briefkasten"
Videoseiten: Du machst einen Austausch? – Halloween auch bei uns!

Berliner Luft — Seite 105

Das lernst du: Über eine Großstadt sprechen – Nach dem Weg fragen – Um Hilfe bitten – Höflich fragen – Eintrittskarten kaufen
Grammatik: Lokale Präpositionen – Höfliche Bitten mit hätte / möchte gerne
Phonetik: Vokal am Anfang
Tipp: Präpositionen im Kontext lernen

Welt und Umwelt — Seite 113

Das lernst du: Sagen, wo man gerne leben möchte – Das Wetter beschreiben – Über Konsequenzen sprechen – Tipps zum Umweltschutz formulieren – Über Umweltfragen diskutieren
Projekt: Energiesparen / Umweltschutz
Grammatik: Negationswörter – Ratschläge mit sollte – Wortbildung: Verben – Nomen – Komposita
Phonetik: ch, c
Tipp: Betonung bei langen Wörtern

Reisen am Rhein — Seite 121

Das lernst du: Vorlieben/Abneigungen nennen – Zustimmen/ablehnen – Eine Reise planen – Fahrkarten kaufen
Projekt: Präsentation zu einem Fluss – Werbung für eine Sehenswürdigkeit
Grammatik: Lokalangaben: dort, dorthin – Präpositionen mit Akkusativ
Phonetik: Konsonanten
Tipp: Sprechsituationen vorbereiten

Ein Abschied — Seite 129

Das lernst du: Ein Problem beschreiben – Vor- und Nachteile formulieren – Über Geschenke sprechen – Über eine Person sprechen
Projekt: Informationen für neue Schüler
Grammatik: Verben mit Präpositionen – Verben mit Dativ- und Akkusativergänzungen – Stellung Dativ vor Akkusativ

Große Pause — Seite 137

Mündliche Prüfung Fit A2: Teile 1–3
Mündliche Prüfung DSD A2: Teile 1 und 2
Literatur: Heinrich Heine: Loreleylied
Videoseiten: Berlin, Berlin – Das Referat – Fahren wir nach Bonn? – Das Rheinland

Anhang Alphabetische Wortliste, Seite 143
Verblisten, Seite 151
Bustaben und Laute, Seite 152
Liste unregelmäßiger Verben, Seite 154

fünf

Symbolindex

Symbolindex

Hier findest du alle Symbole aus dem prima^plus Schülerbuch und ihre Erklärung.

- Schreibe. / Ergänze.
- Lies den Text.
- Ordne zu.
- Unterstreiche.
- Markiere Buchstaben, Wörter oder Sätze.
- Kreuze die richtige Antwort an.
- Arbeite mit deinem Partner / deiner Partnerin.
- Sprich. / Antworte.
- Spiele.
- 1.09 Audio-Track
- Videoclip
- Ausspracheübung
- Zusatzaufgabe im Internet
- Aufgabe am Computer
- Portfolio-Texte

i Hier gibt es landeskundliche Informationen aus dem Alltag in D-A-C-H.

Projekt Hier musst du etwas recherchieren oder vorstellen.

TIPP Hier bekommst du Tipps, die dir beim Lernen helfen.

Denk nach Hier kannst du sprachliche Strukturen selbst erkennen und grammatikalische Regeln ergänzen.

Wie war's in den Ferien?

Das lernst du

– Sagen, wie die Ferien waren
– Vermutungen äußern
– Das Wetter beschreiben
– Von Ferienerlebnissen erzählen

A

B

C

D

Hör zu. Welche Fotos passen zu den Jugendlichen?
Joscha · Konstantin · Sabrina · Katharina

Was macht ihr gern? Sammelt Urlaubsaktivitäten in der Klasse.

Ich will in den Ferien …

Am liebsten bin ich …

In den Ferien kann ich …

Ich mag …

sieben 7

1 | Wie war's in den Ferien?

1 Da war richtig was los!

a Hör die Aussagen der Jugendlichen noch einmal. Notiere: Wer hat was gemacht?

Joscha

Konstantin

Sabrina

Katharina

b Ordne Adjektive und die Ausdrücke den Jugendlichen zu.

- Gigantisch!
- Ich war sehr müde.
- Voll cool!
- Wir hatten einen tollen Blick!
- Total blöd!
- Da war nichts los!
- Blöd!
- Super!
- Langweilig!
- Da war richtig was los!
- Romantisch!
- Schrecklich!
- Nervig!
- Total gemütlich!
- Wunderbar!

c Gute und schlechte Stimmung. Mach eine Tabelle und ergänze weitere Ausdrücke.

Gute Stimmung 🙂	Schlechte Stimmung ☹
gigantisch	

d Lies das *Denk nach* und ergänze die Endungen von den Possessivartikeln.
1. Ich war mit mein**em** Freund Lukas unterwegs.
2. Konstantin war mit sein**en** Eltern in Wien.
3. Sabrina war mit ihr**em** Bruder und ihr**en** Eltern in Alicante.
4. Seid ihr mit eur**em** Auto nach Spanien gefahren?
5. Robi war zehn Tage bei sein**em** Vater in Hamburg.

> **Possessivartikel im Dativ**
>
> mit meinem/deinem/… Bruder
> mit meiner/deiner/… Schwester
> mit unserem/eurem/… Auto
> mit meinen/deinen/… Freunden

e Lies die Partizipien. Wie heißen die Infinitive?
gegessen – gemacht – getroffen – gesehen – getanzt – gefahren – geblieben – geflogen – geschwommen

> gegessen – essen

f Welche Verben aus 1e bilden das Perfekt mit *haben* und welche mit *sein*?

g Vermutungen – Was haben die Jugendlichen im Urlaub vielleicht gemacht? Wähl eine Person aus und schreib fünf Sätze.

Ich glaube, Joscha …
Ich vermute, …
Ich denke, …
Vielleicht ist/hat Katharina …
Wahrscheinlich ist/hat …

Ich glaube, Konstantin hat mit seinen Eltern eine Städtetour gemacht. Vielleicht sind sie …

2 Von den Ferien erzählen

a Thema „Wetter" – Welche Bilder passen zu 1–4?

 A  B  C  D

1
der Wind/der Sturm
das Gewitter
Es stürmt.
Es blitzt und es donnert.

2
der Schnee
Es schneit.
Es ist kalt.

3
die Sonne
Die Sonne scheint.
Es ist heiß.
Das Wetter ist gut.

4
der Regen
Es regnet.
Es ist nass und neblig.
Es ist kühl.
Das Wetter ist schlecht.

b Erzählt: Wie war das Wetter in euren letzten Ferien?

Wir hatten	viel/wenig/keine/keinen	Sonne/Regen/Schnee.
Es hat	stark / ein bisschen / überhaupt nicht	geregnet/geschneit/gestürmt.
Die Sonne hat	immer/manchmal/nie	geschienen.

Ich war auf Mallorca. Es war sehr heiß. Die Sonne hat fast immer geschienen.

Wir waren in den Alpen und sind Ski gefahren, aber das Wetter war schlecht. Es hat viel geschneit. Es war nass und neblig.

c Thema „Ferienerlebnisse" – Bringt Fotos mit und erzählt von euren Ferien.

Wohin bist du gefahren?
Mit wem bist du gefahren?
Wie war das Wetter?
Was hast du gemacht?
Wie war das?

Ich bin zu Hause geblieben, aber meine letzten Ferien waren toll. Das Wetter war super. Wir …

1 | Wie war's in den Ferien?

3 Biggis Abenteuer in der Schweiz

a Lies das Blog und ordne die Fotos zu.

| Biggis Blog | Über mich | Aktuell |

Der Mönch – mein erster Viertausender

1 C

Um 12 Uhr war Treffpunkt am Bahnhof in Grindelwald. Alle waren pünktlich. Wir, das sind David, Jan, Keiko, Konstantin, Maria, Kathy, Lucia und ich.
Wir sind Deutsche, Franzosen, Japaner, US-Amerikaner und Engländer, aber alle sprechen ganz gut Deutsch. Beat, Jürg und Urs waren unsere Bergführer. Sie sind Schweizer (logisch 😄).
Wir haben die Jungfrau-Bahn auf das Jungfraujoch genommen und sind 1 ½ Stunden den Berg hinauf durch Eis und Schnee gefahren.

A

2 B

Um kurz vor zwei sind wir auf dem Jungfraujoch (3 454 m) angekommen.
Da hatten wir einen fantastischen Blick auf unseren Berg: den Mönch. Er ist 4 107 Meter hoch und sieht toll aus. Morgen wollen wir auf den Gipfel steigen.
Am Jungfraujoch gibt es ein Berggasthaus.
Da haben wir eine Cola getrunken und etwas gegessen.

B

3 A

Um kurz nach fünf sind wir zur Mönchsjochhütte gegangen. Dazu haben wir 45 Minuten gebraucht. Der Hüttenwirt hat uns begrüßt und die Betten gezeigt. Alles war ganz einfach, aber das Abendessen war gut. Danach haben wir noch ein bisschen Karten gespielt, aber wir sind nicht lange aufgeblieben.

C

b Hör die Dialoge und ordne sie zu.

- a im Berggasthaus
- b in der Bahn
- c im Bahnhof in Grindelwald
- d abends im Club
- e auf der Bergtour
- f in der Mönchsjochhütte

Dialog 1 ist im Bahnhof Grindelwald.

| Meine Fotos | Kontakte | ⇨ Startseite |

4 D

Um 5 Uhr sind wir aufgestanden, um halb sechs haben wir gefrühstückt und dann alles eingepackt. Um 6 Uhr sind wir losgegangen. Die Rucksäcke waren schwer, 10–12 kg! Immer den Berg hoch, über Felsen und Schnee. Nach zwei Stunden ist es passiert: Laura ist hingefallen. Sie war müde und ihre Füße haben wehgetan. „Ich kann nicht mehr", hat sie gejammert. Da hatten wir ein Problem. Aber Beat hatte eine Idee. Er hat gesagt, sie muss weitergehen, dann kann sie sich etwas wünschen. Laura hat Beat einen Wunsch ins Ohr gesagt, er hat genickt und dann ist sie wieder aufgestanden und weitergegangen. Was hat sie gesagt? Keine Ahnung. Beide haben es nicht verraten.
Wir sind weitergegangen und schon eine Stunde später waren wir oben auf 4 107 Metern. Echt cool! Wir haben viel fotografiert. Dann sind wir wieder zurückgegangen.

5 E

Abends auf dem Campingplatz in Grindelwald war noch eine andere Jugendgruppe. Da war richtig was los, erst haben wir viel erzählt, dann haben wir Musik gemacht und getanzt. Laura hat den ganzen Abend mit Beat getanzt. Lucia und ich glauben, sie ist mit Absicht hingefallen.

Biggis Schweiz-Infos

Die Schweiz hat 7,35 Mio. Einwohner und liegt zwischen Deutschland im Norden, Österreich im Osten, Italien im Süden und Frankreich im Westen. 80 % der Schweiz liegen in den Alpen. Die Hauptstadt der Schweiz ist Bern. Knapp zwei Autostunden von Bern entfernt liegen die Berge Eiger (3 970 m), Mönch (4 107 m) und Jungfrau (4 158 m).

c Arbeitet in Gruppen. Schreibt je fünf Fragen zum Text.
Schließt das Buch. Fragt und antwortet.
Wer weiß am meisten?

Heißt ein Mitglied von der Gruppe Heiko?

Welches Land liegt im Westen von der Schweiz?

1 | Wie war's in den Ferien?

4 Partizipien systematisch lernen

a Such die Partizipien aus Biggis Blog heraus. Ergänze den Infinitiv und mach eine Tabelle.

ge...-t ge...-en	...ge...-t ...ge...-en	kein ge- aber -t kein ge- aber -en (Vorsilben: ver..., er..., be...)	Verben auf -ieren
machen – ge**macht**	aufpassen – auf**ge**passt	erzählen – erzähl**t**	passieren – passier**t**
ankommen – an**ge**komm**en**	nehmen – **ge**nomm**en**	verraten – verrat**en**	trainieren – trainier**t**

b Findet zu jeder Spalte weitere Verben aus prima^{plus}.

c Phonetik: Wortakzent bei Verben mit Vorsilben – Schreib die Verben ins Heft.
🔊 1.12   Hör zu und markiere den Wortakzent. Wo ist der Wortakzent bei den trennbaren Verben?
mitkommen – aufbleiben – ankommen – losgehen – einpacken – besichtigen – begrüßen – verstehen – verraten

🔊 1.13 **d** Trennbar oder nicht? Wo ist der Wortakzent? Hör zu und notiere.

5 Sprechen üben

Rhythmus hilft beim Lernen.

🔊 1.14–1.16 **a** Hör zu und sprich mit.
Gruppe 1:

● ● ●   ● ● ● (●)

<u>auf</u>passen – (hat) <u>auf</u>gepasst …
<u>auf</u>bleiben – (ist) <u>auf</u>geblieben …
<u>mit</u>machen – (hat) <u>mit</u>gemacht
<u>ein</u>packen – (hat) <u>ein</u>gepackt

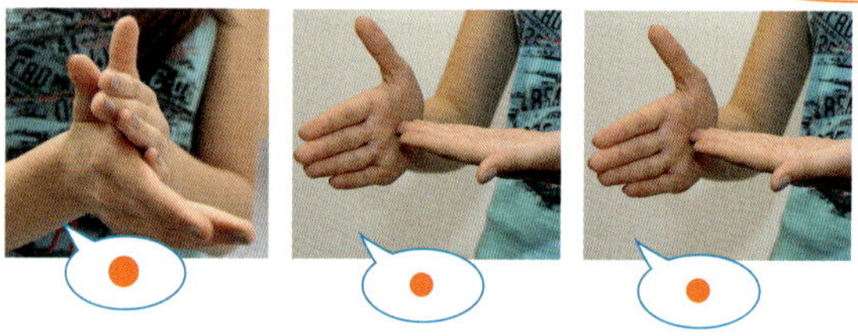

AUF   ge   passt

Gruppe 2: ● ● ● – ● ●   be<u>su</u>chen – (hat) be<u>su</u>cht …

Gruppe 3: ● ● ● – ● ● ●   ver<u>ste</u>hen – (hat) ver<u>stan</u>den …

b Macht Lernkarten wie im Beispiel. Fragt euch gegenseitig.

Vorderseite
aufbleiben

Vorderseite
passieren

Rückseite
ist aufgeblieben
Wir sind aufgeblieben.

Rückseite
ist passiert
Dann ist es passiert.

6 Zurück aus den Ferien

a Alle sind wieder zu Hause. Betrachte das Haus und berschreib ein Zimmer.

b Such dir eine Wohnung aus und stelle die Personen schriftlich oder mündlich vor.
- Name? Alter? Hobbys/Beruf?
- Wie sieht sie aus?
- Wie ist ihr Zimmer / ihre Wohnung?
- Wo war sie in den Ferien?
- Was mag sie?
- Was mag sie nicht?
- Was will sie heute Abend machen?

c Wählt eine von den drei Aufgaben.
1. Schreib einen Dialog zur Situation in deiner Wohnung.
2. Spielt Dialoge. Überlegt: Wie spielt ihr die Personen: freundlich, traurig, wütend …?
3. Erzähle eine Geschichte zu einer von den Szenen.

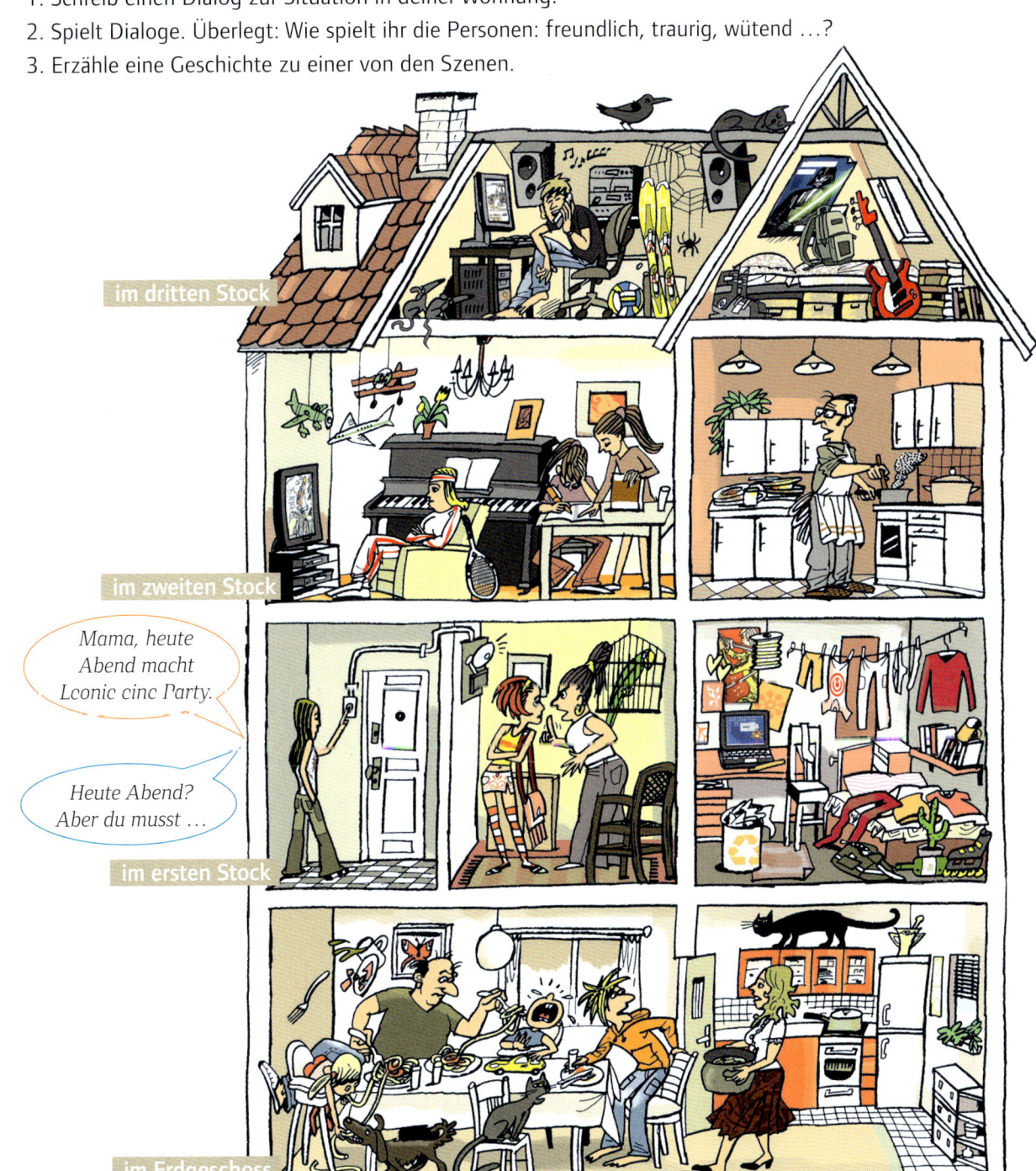

1 | Das kannst du

Sagen, wie die Ferien waren

Da war richtig was los.	Da war nichts los.
Wir haben viel gemacht.	Das war (total) blöd.
Der Urlaub war wunderbar.	Die Ferien ohne meine Freunde waren langweilig.
Der Club war voll cool.	Das Essen war schrecklich.
Wir haben viel getanzt.	Ich habe nur Hamburger gegessen.

Vermutungen äußern

Ich glaube/denke/vermute, Konstantin hat eine Städtetour gemacht.
Vielleicht ist Katharina zu Hause beblieben.
Wahrscheinlich war Joscha mit Lukas unterwegs.

Das Wetter beschreiben

Wie war das Wetter (bei euch im Urlaub)?   Das Wetter war schlecht.
Es war nass und neblig.
Es hat überhaupt nicht geregnet.
Die Sonne hat geschienen.

Von Ferienerlebnissen erzählen

Wir sind mit dem Auto nach Wien gefahren und haben bei unseren Freunden übernachtet.
Wir haben viel gesehen. Es war super.
Wir waren in den Bergen und sind Ski gefahren.

Außerdem kannst du …

… einen Blog zu einer Reise verstehen.

Grammatik — kurz und bündig

Possessivartikel

ich	du	er	es	sie	wir	ihr	sie/Sie
mein-	dein-	sein-	sein-	ihr-	unser-	eu(e)r-	ihr-/Ihr-

Artikel im Dativ

Maskulinum		Neutrum		Femininum	
mit de**m**	Bruder	mit de**m**	Fahrrad	mit de**r**	Schwester
eine**m**	Bruder	eine**m**	Fahrrad	eine**r**	Schwester
meine**m**	Bruder	meine**m**	Fahrrad	meine**r**	Schwester
meine**n**	Brüdern	meine**n**	Fahrrädern	meine**n**	Schwestern

Kein funktioniert wie mein.

Perfekt – Partizipien

trennbare Verben:	einkaufen, kauft ein	hat ein**ge**kauf**t**
	mitkommen, kommt mit	ist mit**ge**komm**en**
Verben mit *ver-, er-, be-*: (kein *ge-*!)	vermuten	hat vermute**t**
	bekommen	hat bekomm**en**
Verben auf *-ieren*: (kein *ge-*)	fotografieren	hat fotografier**t**
	passieren	ist passier**t**

Bei ver-, er-, be- und -ieren: kein ge- notieren!

Die unregelmäßigen Verben findest du auf Seite 154.

vierzehn

Meine Pläne

Das lernst du

– Hoffnungen und Wünsche äußern
– Etwas vermuten/berichten
– Über Berufe sprechen
– Etwas begründen

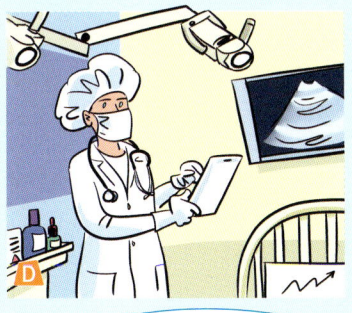

Ich möchte Arzt werden. Ich möchte anderen Menschen helfen.

Ich hoffe, dass ich dann glücklich bin.

Ich möchte in ein paar Jahren einen guten Beruf haben und viel Geld verdienen.

Geld verdienen passt zu Bild A. Der Manager verdient bestimmt viel Geld.

Das passt aber auch zu Bild …

Sammelt Wörter zu den Zeichnungen. Was passt zu welcher Zeichnung? Ordne zu.

reich werden – viel Geld verdienen – verheiratet sein – glücklich sein – viel arbeiten – berühmt sein – ein Haus mit Schwimmbad haben – einen guten Beruf haben – die Welt kennenlernen – Menschen helfen – im Ausland arbeiten – viele Tiere haben – ein Star sein – …

2 | Meine Pläne

1 Ich glaube, dass …

a Was glaubst du: Was mag Eva und was mag David?
Wer möchte was in Zukunft machen?
Ergänze David und Eva und lies vor.

1. Ich glaube, dass … Kinder mag.
2. Ich glaube, dass … gerne reist.
3. Ich glaube, dass … gerne Fremdsprachen lernt.
4. Ich glaube, dass … Musik macht.
5. Ich glaube, dass … berühmt sein möchte.
6. Ich glaube, dass … die Welt kennenlernen möchte.
7. Ich glaube, dass … auf Hawaii surfen möchte.
8. Ich glaube, dass … viele Kinder haben möchte.

1. Ich glaube, dass Eva …

b Lies die Sätze in 1a noch einmal und ergänze das *Denk nach*.

Denk nach

Hauptsatz: Verb auf Position 2		**dass-Satz:** konjugiertes Verb am Ende	
David **mag** Kinder.	Ich glaube,	**dass** David Kinder	**mag**.
Eva **braucht** viel Geld.	Eva sagt,	**dass** sie viel	… .
David **möchte** Arzt werden.	David sagt,	**dass** er Arzt werden	… .

c Hör das Interview. Was sagen David und Eva?
Welche Vermutungen von euch waren richtig und welche falsch?

David sagt, dass er in 10 Jahren Partys machen möchte.

Eva sagt, dass sie viel Geld …

2 Und was ist dein Traum?

Bringt Bilder mit und zeigt etwas von euren Träumen.

Ja, das auch.

Ich vermute, dass du acht Kinder haben willst.

Ich nehme an, dass …

Ich glaube, dass du berühmt sein möchtest. Stimmt's?

Was? Spinnst du?

3 Berufe

a Hör zu. Welche Berufe sind das?

A Erzieher/in

B Journalist/in
C Touristikkauffrau / Touristikkaufmann

D Gärtner/in

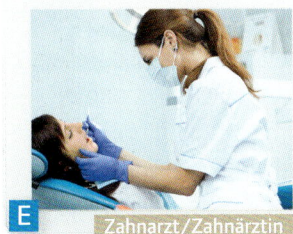
E Zahnarzt/Zahnärztin

F Kameramann/Kamerafrau

G Friseur/in

H Elektriker/in

b Was muss man in den Berufen gut können?
Ordne die Tätigkeiten den Berufen zu. Es gibt mehrere Möglichkeiten.

(gut) organisieren	früh aufstehen	Operationen machen	viel sprechen
schreiben	Geschichten erzählen	planen	viel/wenig …
telefonieren	interessante Arbeit	reisen	Freizeit haben
malen	Interviews machen	reparieren	Geld verdienen
draußen arbeiten	korrigieren	singen	mit Technik arbeiten
drinnen arbeiten	leichte Arbeit	spielen	vorlesen
erklären	Menschen helfen	mit Menschen	Zeit für Kinder haben
filmen	mit Menschen sprechen	zusammen sein	zu Hause bleiben

Ich glaube, dass eine Journalistin viel telefoniert und wenig Zeit für die Familie hat. Sie muss gut schreiben können.

4 Phonetik: r und l – Hör zu und sprich nach.

Drinnen und draußen,
reisen und schreiben:
Das ist interessant.

Telefonieren und planen,
viel Geld verdienen:
Das ist leicht.

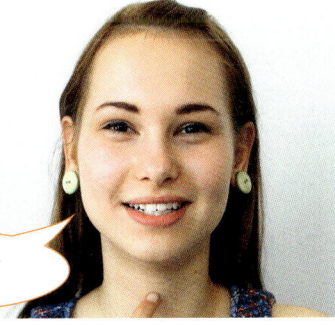
RRRRRR

LLLLL

5 Ratespiel

– Sammelt 15 Berufe an der Tafel.
– Beschreibt zu zweit einen Beruf wie im Beispiel.
– Die anderen raten.

Man muss gut organisieren können.

Man spricht viel mit Menschen.

Man muss viel telefonieren.

Das ist eine Sekretärin.

2 | Meine Pläne

6 Berufe und Berufswünsche

a Lies die Texte: Wer macht was? Warum?

Meine Tante ist Spiele-Entwicklerin. Sie war zuerst auf der Schauspielschule. Aber nach einem Jahr hat sie aufgehört, weil sie nicht gut genug war. Sie hat dann Informatik studiert und danach eine Stelle als IT-Technikerin bekommen. Die Arbeit hat ihr aber nicht gefallen, weil sie nur Computerprobleme von Kollegen gelöst hat. Dann hat sie eine Stellenanzeige gesehen und sie hat die Stelle bekommen. Sie liebt ihre Arbeit, weil sie sehr kreativ ist.

Mein Opa ist Tierarzt, weil er schon als Kind Tiere geliebt hat. Zu Hause hatten sie viele Haustiere. Nach der Schule hat er zuerst eine Lehre bei einer Bank gemacht, weil er nicht genug Geld für ein Studium hatte. Dann hat er ein paar Jahre gearbeitet. Aber sein Traumberuf war immer Tierarzt. Deshalb hat er nach drei Jahren bei der Bank aufgehört und ein Tierarzt-Studium angefangen. Es war nicht einfach, weil er neben dem Studium immer gearbeitet hat.

b Fragt eure Eltern oder Verwandte nach ihren Berufen. Berichtet in der Klasse.

c Ergänze im *Denk nach* die Verben am Ende

Denk nach

Hauptsatz: konjugiertes Verb auf Position 2	Nebensatz: konjugiertes Verb am Ende
Sie **hat** mit der Schaulspielschule aufgehört.	**weil** sie nicht gut genug ….
Er **liebt** seine Arbeit,	**weil** er kreativ und vielseitig … .
Er **ist** Tierarzt,	**weil** er Tiere … .

7 Sprechen üben – Lange Sätze sprechen

a Hör die Sätze.

1.22 Ich möchte <u>Arzt</u> werden, weil ich dann <u>Menschen</u> helfen kann.

Ich möchte <u>Touristik</u>kauffrau werden, weil ich gerne <u>Reisen</u> organisiere.

Ich möchte <u>nicht</u> Journalist werden, weil ich nicht gerne <u>schreibe</u>.

b Hör noch einmal und sprich nach.

c Kettenspiel – Spielt in zwei Phasen.

1. Phase
Alle sagen ihre Berufswünsche mit einer Begründung.
Alle merken sich so viele Wünsche und Gründe wie möglich.

2. Phase
A zeigt auf B und sagt, was sein/ihr Berufswunsch ist und warum.
Dann ist B dran usw.

*Tim hat gesagt, **dass** er Gärtner werden möchte, **weil** er gerne draußen arbeitet.*

8 Betriebspraktikum

a Lies den Text und beantworte die Fragen.
1. Wer macht ein Betriebspraktikum?
2. Wie lange dauert ein Betriebspraktikum?
3. In welchen Klassen findet es statt?

In Deutschland machen die meisten Schüler in der Klasse 8 oder 9 ein Betriebspraktikum von 1 bis 3 Wochen. Sie lernen in einer Firma das Berufsleben kennen. Am Ende müssen sie einen Bericht schreiben und manchmal auch einen Kurzvortrag für die Klasse machen.

1.23 **b** Du hörst den Vortrag von Dennis. Sind die Aussagen 1–6 richtig oder falsch?
1. Dennis wollte gern etwas mit Technik machen.
2. Dennis ist alleine auf die Baustellen gefahren.
3. Das Praktikum war sehr langweilig.
4. Er musste sauber machen.
5. Dennis konnte selbst Kabel und Schalter legen.
6. Er möchte nach der Schule eine Elektrikerlehre machen.

c Lies die Sätze in b noch einmal und ergänze die Endungen im *Denk nach*.

Denk nach

Modalverben im Präteritum

ich	muss**te**	konn**te**	woll**te**
du	muss**test**	konn**test**	woll**test**
er/es/sie/man	muss…	konn…	woll…
wir	muss**ten**	konn**ten**	woll**ten**
ihr	muss**tet**	konn**tet**	woll**tet**
sie/Sie	muss…	konnt…	wollt…

1.24 **d** Du hörst den Vortrag von Hannah. Lies die Aufgaben. Was ist richtig: a, b oder c?

1. Hannah
   a möchte Ärztin werden.
   b möchte Krankengymnastin werden.
   c hat noch keinen Berufswunsch.

2. Sie hat ihr Praktikum
   a bei ihrem Vater gemacht.
   b in einer Schule gemacht.
   c bei einer Krankengymnastin gemacht.

3. Bei ihrem Praktikum konnte Hannah
   a alles selbst machen.
   b nicht so viel selbst machen.
   c nicht viel lernen.

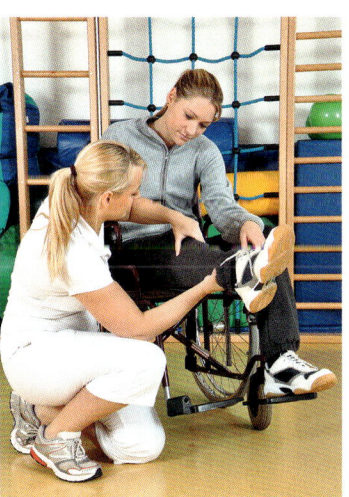

e Welche Berufe findest du toll und welche nicht? Schreib einem Freund / einer Freundin eine E-Mail.

Neue Mail ⇨ **Senden**

Lieber Tiago,
deine Frage war: Welche Berufe findest du toll und welche nicht? Hier ist meine Liste:
Ich möchte nicht Frisör werden, weil man als Frisör meistens nicht gut verdient.

2 | Meine Pläne

9 Das Turnier

a Lies den Tagebucheintrag vom 22. Februar.
– Warum ist Peer glücklich?
– Was ist das Problem?

Aus dem Tagebuch von Peer Steiner

22. Februar
Heute ist ein klasse Tag. Herr Busch, mein Tennistrainer, hat gesagt, dass ich vielleicht beim Landesjugendturnier im April mitspielen kann. Vier Jugendliche aus dem Verein dürfen nach Stuttgart fahren. Ich bin total glücklich, aber ich habe auch Angst. Bin ich wirklich gut genug? Herr Busch hat heute sechs von uns gefragt, aber am Ende können nur vier fahren.
Bis Mai spielen wir noch drei Turniere. Eins intern im Verein und zwei gegen andere Vereine. Das erste Turnier findet am nächsten Samstag statt. Herr Busch sagt, dass ich es schaffen kann, aber dass ich noch viel trainieren muss.

b Lies nun die Tagebucheinträge vom 28. 2. und 10. 3. Korrigiere die Aussagen.
1. Peer ist sehr zufrieden.
2. Tanja mag nicht, dass Peer Tennis spielt.
3. Peer spielt keine Computerspiele mehr.

28. Februar
FRUST!!!! Gestern war das Jugendturnier im Verein und ich bin Fünfter geworden. Ich hatte echt Pech. Im letzten Spiel war ich zuerst richtig gut. Ich habe 1 zu 0 geführt. Aber dann hatte ich nicht mehr genug Kondition und habe am Ende 3 zu 2 verloren.
Danach ist auch noch Herr Busch gekommen und hat gesagt, dass ich viel intensiver trainieren muss. Er hat ja Recht. Letzte Woche war ich

nicht beim Training, weil ich mit Tanja im Kino war. Aber ich will unbedingt zu dem Turnier. Ich muss mehr trainieren. Tanja will einen Trainingsplan für mich machen. Zwei Punkte sind schon klar: joggen und keine Computerspiele.

10. März
JUBEL!!!! Beim Turnier gegen den TSV Sinsheim bin ich Dritter geworden. Ich glaube, dass ich es schaffen kann. Ich gehe jetzt jeden Tag mit Bello joggen. Er kommt gerne mit, weil er rennen kann, und ich verbessere meine Kondition. Wie soll ich das alles schaffen: die Schule, das Training, meine Freunde, Tanja? Ich habe ein neues Computerspiel: „Wimbledon-Champion". Es ist Weltklasse. Ich habe heute drei Stunden gespielt. Tanja ist sauer.

c Lies nun die Tagebucheinträge bis zum 3. April. Beantworte dann die Fragen.
1. Warum war Herr Busch nicht zufrieden?
2. Was ist im Training am 18. März passiert?
3. Wie hat Tanja reagiert?
4. Was muss Peer am nächsten Samstag schaffen?

16. März
Ich bin total frustriert. Die letzten Trainingsspiele habe ich alle verloren. Herr Busch meint, dass ich viel Talent habe, aber dass ich nicht konzentriert genug bin. Du musst es wirklich wollen, sagt er. Aber ich will ja. Er sagt, dass ich zu viele Sachen gleichzeitig will. Vielleicht hat er ja Recht.
Ich habe heute auch mit Tanja gesprochen. Sie war total lieb und hat mich getröstet und den Trainingsplan neu geschrieben. Zuerst habe ich „Wimbledon-Champion" von meinem Computer gelöscht. Am 8. April ist das große Jugendturnier gegen die TSG-Roth. Ich bin total nervös.

18. März.
So ein Mist. So ein Mist!!!! SO EIN MIST!!!!!! Ich war gestern wirklich gut im Training. Und dann wollte ich unbedingt diesen Ball bekommen, bin gesprungen, habe ihn auch bekommen, bin aber dann blöd auf den linken Arm gefallen. Ich musste zum Arzt. Der Arm ist in einer Schiene und tut total weh. Mindestens zehn Tage kein Training.
Tanja ist ein Schatz. Sie hat meinen Trainingsplan angepasst: joggen, Krafttraining für die Beine und den rechten Arm ...

3. April
Heute habe ich zum ersten Mal wieder ein Trainingsmatch gespielt. Inzwischen habe ich Konditionstraining und Krafttraining gemacht. Es hat heute ganz gut funktioniert. Ich muss beim Turnier am nächsten Samstag mindestens auf Platz 4 kommen. Dann habe ich noch eine Chance.

d Lies nun den Tagebucheintrag von 8. April.
Schreibt dann in Gruppen Peers Tagebucheintrag vom 3. Mai. Wie war die Meisterschaft für Peer?

8. April
Heute war das entscheidende Turnier gegen die TSG-Roth. Die ersten beiden Spiele habe ich locker gewonnen. Aber das dritte Spiel war hart. Den ersten Satz habe ich gewonnen, aber den zweiten verloren. Ich wollte schon aufgeben, aber dann habe ich Tanja auf der Tribüne gesehen und meine Eltern und hatte plötzlich das Gefühl: Das musst du schaffen. Jetzt kann nicht alles zu Ende sein. Am Ende stand es dann 2 zu 1. Jetzt bin ich auf Platz 4 in der vereinsinternen Rangliste.
ICH FAHRE ZUR LANDESMEISTERSCHAFT!

3. Mai
Es ist Mitternacht. Der Abend nach Stuttgart. Zuerst ...

1.25 e Hör Peers Telefonat mit seinem Freund Jens gleich nach dem letzten Spiel. Passt es zu deinem Tagebucheintrag?

Macht einen Trainingsplan zur Vorbereitung auf ein großes Turnier (Tennis, Fußball ...) und stellt ihn in der Klasse vor. Was müsst ihr machen? Was dürft ihr nicht machen?

2 | Das kannst du

Hoffnung und Wünsche äußern
Ich hoffe, dass ich glücklich werde.   Ich möchte Arzt werden.

Etwas vermuten/berichten
Ich glaube, dass Eva Kinder mag. Sie möchte vielleicht im Ausland arbeiten.
Ich vermute, dass du viel Geld verdienen willst.

Über Berufe sprechen
Eine Touristikkauffrau muss Reisen organisieren.
Ein Gärtner arbeitet viel draußen, ein Friseur arbeitet drinnen.

Dennis wollte etwas mit Technik arbeiten. Er musste sauber machen.
Er konnte Kabel und Schalter legen.

Etwas begründen
Ich bin Tierarzt, weil ich Tiere liebe.
Ich möchte Journalistin werden, weil ich gerne schreibe.

Außerdem kannst du …
… Kurzvorträge über ein Praktikum verstehen.
… einen Text über ein wichtiges Ereignis im Leben verstehen.

Grammatik — kurz und bündig

Nebensätze mit *dass* und *weil*

Hauptsatz: Verb auf Position 2   Nebensatz: konjugiertes Verb am Ende

	Position 2			Ende
Eva	mag	Kinder.		
Sie	sagt,		dass sie Kinder	mag.
David	steht	nicht gerne früh auf.		
Er	will	nicht Pilot werden,	weil er nicht gerne früh	aufsteht.

Vergangenheit: Modalverben im Präteritum

Infinitiv	können	müssen	wollen
ich	konnte	musste	wollte
du	konntest	musstest	wolltest
er/es/sie/man	konnte	musste	wollte
wir	konnten	mussten	wollten
ihr	konntet	musstet	wolltet
sie/Sie	konnten	mussten	wollten

Ich wollte gestern chillen, aber ich musste meinen Arbeitsspeicher aufräumen.

Er **wollte** etwas Interessantes machen, aber er **musste** immer sauber machen.
Sie **wollte** im Hotel arbeiten, aber sie **konnte** keinen Praktikumsplatz finden.

Bei *haben, sein, müssen, können, wollen* verwendet man in der Vergangenheit meistens das Präteritum.

Freundschaft

Das lernst du

- Über Freundschaft sprechen
- Um Hilfe bitten / Hilfe anbieten
- Eine Geschichte erzählen
- Eigenschaften benennen und vergleichen
- Komplimente machen

Wo bist du? Warum kommst du nicht?

A — Sophie

B

Ich verstehe die Aufgabe nicht.

D — Alina und Elias

Tim

C

Die Deutscharbeit war total schwer!

E

Gehst du am Samstag mit zum Eishockeyspiel?

Beschreibt die Fotos. Wo sind Alina, Sophie, Elias und Tim? Was machen sie?

Hör zu. Zu welchen Bildern passen die Dialoge? 1.26–1.28

Der Dialog 1 passt zu Foto C. Die Schüler sprechen über …

3 | Freundschaft

1 Freunde und Freundinnen

a Hör noch einmal. Stimmt das oder nicht? Warum?

1. Alina sagt, dass die Deutscharbeit schwer war.
2. Elias hat Probleme in Deutsch.
3. Elias braucht eine gute Note in Deutsch.
4. Alina erklärt Elias die Matheaufgaben.
5. Tim erklärt Alina die Grammatikregeln.
6. Tim und Elias sind in einer Klasse.

b Lies den Dialog und ergänze das *Denk nach*.

● Hi, Sophie, alles o.k.?
■ Alles o.k. Und bei dir, Tim?
● Die Deutscharbeit war total schwer.
▲ Ja, die Grammatik war wirklich schwer.
◆ Findet ihr? Ich finde, dass sie leicht war.
● Du bist aber auch gut in Deutsch, Alina.

▲ Alina, kannst du mir helfen? Kannst du mir die Grammatik erklären? Ich muss unbedingt eine Drei schreiben.
◆ Ich kann es versuchen. Erklärst du mir dann Mathe, Elias?
▲ Na klar. Das mache ich gern.

Denk nach

Pronomen im Dativ

Singular		Plural	
ich	mir	wir	uns
du	dir	ihr	euch
er/es	ihm	sie/Sie	ihnen/Ihnen
sie	ihr		

	Er erklärt	Sie erklärt
Dativ (Person)	ihr *Wem?*	ihm *Wem?*
Akkusativ (Sache)	Mathe. *Was?*	die Grammatik. *Was?*

Nach „helfen" immer Dativ: Bitte helfen Sie mir!

c Schreib Sätze mit Personalpronomen im Dativ und lies vor.

Sie (Alina)	geben	sie (ihre Freundin)	eine Blume
Er (Elias)	glauben	er (Elias)	ihre Deutscharbeit
Sie (Sophie)	helfen	sie (Alina)	in Mathe
Sie (die Verkäuferin)	zeigen	sie (ihre Freunde)	Jacken
		sie (Sophie)	Nachhilfe in Deutsch
			nicht

Sie gibt ihm Nachhilfe in Deutsch.

2 Sprechen üben – Verstärkungswörter

Hör zu und sprich nach.

schwer	total schwer	Die Arbeit war total schwer.
schwer	wirklich schwer	Die Deutscharbeit war wirklich schwer.
eine Drei schreiben	unbedingt eine Drei schreiben	Ich muss unbedingt eine Drei schreiben.
gern	sehr gern	Ich mag dich sehr gern.

3 Nachhilfe

a Ordnet und schreibt die Dialoge 2 und 3. Hört zur Kontrolle.

Dialog 2
- Hi.
- Ich bin zu Hause. Ich muss lernen, weil ich in Mathe eine Fünf geschrieben habe.
- Ja.
- Nein, Elias kommt gleich und hilft mir in Mathe.

- Alina, hier ist Sophie, wo bist du? Warum kommst du nicht?
- Alina?
- Allein?
- Elias, ach so – Mathe – ich verstehe – o.k.

Dialog 3
- Was? Sag das noch einmal.
- Sag das noch einmal.
- Ich mag dich sehr, Alina.
- Grrrrrrrrrrr!

- Ich mag dich noch mehr als sehr. Ich habe dich sehr, sehr, sehr, sehr, sehr gern. Du hast so schöne Augen.
- Ich dich – nicht – sehr.
- Ich liebe dich! Du siehst gut aus! Du bist toll! Und du bist gut in Mathe!

b Hört noch einmal. Wie sprechen Elias und Alina? Wählt einen Dialog aus und spielt ihn.

c Phonetik: das *h* – Hör zu und sprich nach. Welche *h* spricht man nicht?

Er hilft ihr.   Sie hilft ihm.   Wir helfen ihnen.   Können wir Ihnen helfen?

4 Eine Geschichte erzählen

Wähl Aufgabe A oder B.

A Schreib die Geschichte mithilfe von den Stichworten.
- Tim, Elias, Alina und Sophie – Freunde
- heute – eine Deutscharbeit zurückbekommen haben
- gute Note: Alina – schlechte Note: Elias
- Alina: nicht gut in Mathe
- deshalb: Alina Elias helfen – Elias Alina helfen
- zwei Tage später: Alina mit Sophie einkaufen gehen wollen
- Sophie: alleine im Geschäft sein – Alina: nicht kommen
- deshalb: Sophie ruft Alina an …
- Alina sagt, dass …
- Sophie glaubt, dass …

Tim, Elias, Alina und Sophie sind Freunde. Sie gehen zusammen in die Schule. Heute haben sie eine Deutscharbeit zurückbekommen.
...

B Schreib eine Geschichte wie in A über dich und deine Freunde.

3 | Freundschaft

5 Wie ist ein guter Freund, eine gute Freundin?

a Eigenschaften – Welche Adjektive kennst du aus dem Deutschen oder aus anderen Sprachen?

aktiv *passiv*	freundlich *unfreundlich*	klug *dumm*	romantisch	ungemütlich
alt *jung*	fröhlich *traurig*	langweilig *kurzweilig*	ruhig	unordentlich
arm *reich*	gemütlich *ungemütlich*	lustig *unlustig*	schön	unsportlich
cool *uncool*	groß *klein*	nett *unsympathisch*	sportlich	unsympathisch
dumm *schlau*	hässlich *hübsch*	normal *komisch*	stark *schwach*	unvorsichtig
ehrlich	interessant *uninteressant*	optimistisch	sympathisch *unsympathisch*	unzuverlässig
faul	jung *alt*	pessimistisch	tolerant *intolerant*	vorsichtig
fleißig	klein *groß*	reich	traurig	zuverlässig

b Arbeitet in Gruppen und erklärt je 3–5 Adjektive mit Beispielsätzen.

> *Petra ist sportlich, sie spielt Tennis und macht Gymnastik.*

c Wie viele Paare von Adjektiven findest du in der Liste?

> *jung – alt*

TIPP

Adjektive in Paaren lernen.

d Wie soll mein Freund / meine Freundin sein? Wählt fünf Adjektive aus und macht eine Tabelle. Vergleicht in der Klasse.

+ sehr wichtig	0 nicht so wichtig
ehrlich	

> *Meine Freundin muss zuverlässig sein.*

> *Doch, ich finde das sehr wichtig.*

> *Ich finde wichtig, dass mein Freund sportlich ist.*

> *Fleißig? Ist das wichtig?*

> *Nein, das ist nicht so wichtig!*

6 Mein Freund / Meine Freundin und ich

a Lies den Text: Wer ist Moritz? Wer ist Lucas?

Ich heiße Lucas und das ist mein Freund Moritz. Er ist ein bisschen älter als ich. Aber ich bin größer als er und ich bin auch sportlicher. Ich spiele gut Fußball und Volleyball. Er kann besser Mathe als ich und hilft mir oft. Ich helfe ihm in Musik und Deutsch, denn das kann ich besser.

A
15 Jahre, 2 Monate; Mathe: 1, Deutsch: 4
B
15 Jahre, 1 Monat; Mathe: 4, Deutsch/Musik: 1

b Unterstreiche im Text die Adjektive und ergänze das *Denk nach*.

Denk nach

regelmäßig		mit Umlaut (ä, ö, ü)		Drei Formen sind ganz unregelmäßig:	
ruhig	ruhig**er**	groß	gr**ö**ß**er**	gut	...
sportlich	sportlich...	alt	...lt...	gern	lieber
				viel	mehr

c Was sind Unterschiede zwischen dir und deinem Freund / deiner Freundin? Schreib drei Sätze.

7 Gleich und nicht gleich

a Beschreib den Jungen und das Mädchen. Was sagen die beiden?

b Lies das *Denk nach*. Ergänze die Sätze mit: *sportlich – gern – alt – cool*.

Das sagt Niklas:
Meine Freundin Leonie ist ... ... ich.
Sie ist nicht so ... ... ich.
Sie trinkt genauso ... Cola ... ich.
Aber sie ist nicht so ... ... ich.

> Mein Freund Niklas ist **größer als** ich.
> Er ist **genauso** alt **wie** ich. Wir sind **gleich** alt.
> Aber er ist **nicht so** sportlich **wie** ich.

c Was sagt Leonie? Schreib vier Aussagen wie in b.

d Schreib Vergleiche. Sie können auch verrückt sein. Du bestimmst die Adjektive.

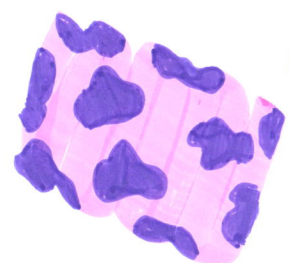

> Hunde sind stärker als Katzen. Hunde sind genauso schön wie Katzen. Hunde sind nicht so ...

Hunde – Katzen
Hip-Hop – Jazz
Bananen – Äpfel
Pizza – Kartoffelsalat

Lehrer – Schüler
Mädchen – Jungen
Fahrräder – Motorräder
Kino – Fernsehen

ich – mein Vater
Freunde treffen – chatten
chillen – Sport machen
... – ...

8 Vergleiche in der Schule

Schreib Vergleiche, aber so dass niemand böse ist.

> Elias ist genauso fleißig wie Alina.

> Joan ist älter als Sandra.

> Mathe ist interessanter als ...

> Luisa ist nicht so nervös wie ...

> Ich finde den Kunstunterricht ...

TIPP
Umlautformen kann man gut mit Gesten lernen. Das funktioniert auch bei Verbformen gut.

groß
größer
arm
ärmer

ich fahre
er fährt
er ist gefahren

3 | Freundschaft

9 Forum zum Thema „Freundschaft"

a Lies die Beiträge im Forum. Ordne 1–5 und a–e zu.

Schüler-Forum – Freundschaft	Neuer Beitrag andere Foren
toK15:	Hey Leute, ich habe meinen Freund verloren, weil er nicht ehrlich zu mir war. Ich bin traurig und wütend. Was ist ein „Freund" für euch?
xTine:	Freundschaft heißt, dass man zusammen Spaß hat und Probleme löst. Man muss zuhören können. Hast du mit ihm geredet? Das hilft. Ich weiß, dass Jungs nicht so gerne viel reden. Vielleicht hast du eine gute Freundin und kannst mit ihr sprechen.
pirat07:	So ein Quatsch! Jungs können viel besser helfen. Vielleicht anders als Mädchen. Ich habe seit fünf Jahren drei Freunde. Sie sind zuverlässig und helfen mir immer. Ich helfe ihnen auch. Mit meinen Freunden kann ich alles machen. Du hast doch bestimmt noch andere Freunde. Was sagen die? Rede mit ihnen.
rose8:	Freundschaft heißt, dass die Freundin oder der Freund sieht, dass ich Hilfe brauche. Manchmal bin ich trauriger, manchmal optimistischer … Meine Freundin hilft mir immer. Freunde sind interessant, weil sie anders sind. Ich bin z.B. sehr aktiv und meine Freundin ist viel ruhiger. Sie ist fleißiger als ich, aber ich bin sportlicher. Wir machen viel zusammen, aber wir machen auch ganz verschiedene Sachen.
dabbel3x	Ich finde das alles nicht so wichtig. Ich habe mal mehr und mal weniger Freunde. Wichtig ist, dass man Leute trifft und Spaß haben kann.

1. toK15 hat seinen Freund verloren,
2. xTine meint,
3. pirat07 findet,
4. rose8 findet Freunde wichtig,
5. dabbel3x sagt,

a) weil sie nicht so sind wie man selbst.
b) dass man alles nicht so wichtig nehmen soll.
c) weil der unehrlich war.
d) dass xTine nicht recht hat.
e) dass Jungen nicht gerne über Probleme sprechen.

b Was sind eure Tipps für toK15? Sammelt in der Klasse.

c Was ist für euch ein guter Freund? Schreibt einen Chat-Beitrag.

10 Zur Freundschaft gehören Komplimente

a Hör zu und lies. Von den acht Aussagen sind sechs Komplimente. Welche sind keine?

1. Du siehst heute sehr gut aus. Hast du eine neue Brille?
2. Ich finde es toll, dass du so gut jonglieren kannst.
3. Du bist immer so nervös.
4. Deine Frisur ist super. Wohin gehst du zum Friseur?
5. Vielen Dank, dass du mir hilfst. Du kannst sehr gut erklären.
6. Du hörst dich sehr gern reden, oder?
7. Du kannst viel besser schwimmen als ich.
8. Deine Jeans sehen super aus. Sind die neu?

b Überlegt: Welches Kompliment kann man zu wem sagen? Und zu welcher Situation passt das Kompliment?

11 Die Komplimentmaschine

Schreibt Komplimente auf Zettel. Sammelt, mischt, verteilt und lest vor.

Du bist	echt klasse.
Ich finde dich	viel netter als mein/en Bruder.
Du kannst	viel erwachsener als meine Schwester.
Mit dir kann ich	so schön/lieb/lustig.
Dein Kleid/Rock …	total nett. echt cool. echt klasse.
Deine Augen/Haare …	sehr gut singen / toll tanzen / gut schreiben …
	lustig sein / so gut reden / viel Spaß haben …
	sehen toll/super/… aus.

Du bist viel netter als mein Bruder.

Mit dir kann ich so viel Spaß haben.

12 Weil ich dich brauche …

a Hör zu. Welche Bilder passen zum Lied von Samuel Reißen?

A   B   C   D

b Hör noch einmal und ordne die Strophen.

1.
Weil ich dich brauche,
weil du mich brauchst,
weil wir uns brauchen,
sind wir Freunde.

2.
Ein Freund ist ein Freund,
was auch passiert.
Es ist schrecklich,
wenn man Freunde verliert.

3.
Ich bin gut drauf,
aber dir geht's nicht gut.
Ich helfe dir,
denn wir sind Freunde.

4.
Dir geht es gut,
aber ich bin schlecht drauf.
Du hilfst mir,
denn wir sind Freunde.

5.
Du bist für mich da.
Ich bin für dich da.
Wir sind für uns da,
denn wir sind Freunde.

6.
Ein Freund ist ein Freund,
was auch passiert.
Es ist schrecklich,
wenn man Freunde verliert.

Projekt

Sammelt Bilder zum Thema Freundschaft und schreibt kurze Texte dazu.
Gestaltet Power-Point-Seiten oder ein Plakat.

3 | Das kannst du

Über Freundschaft sprechen
Meine Freundin muss zuverlässig sein.
Ich finde (nicht) wichtig, dass mein Freund sportlich ist.
Fleißig? Ist das wichtig? – Nein, das ist nicht so wichtig. – Doch, ich finde das sehr wichtig.
Freundschaft heißt, dass man zusammen Spaß hat und Probleme löst.

Um Hilfe bitten / Hilfe anbieten
Hilf mir, bitte!
Kannst du mir in Deutsch helfen? – Klar, ich helfe dir gerne.
Können Sie uns bitte die Regel erklären?

Eigenschaften benennen und vergleichen
Mein Freund ist größer als ich / genauso groß wie ich / gleich groß / nicht so groß wie ich.
Er kann besser Mathe als ich und hilft mir oft.

Komplimente machen
Du siehst gut aus.
Ich finde es toll, dass du so gut Deutsch kannst.
Du kannst sehr gut erklären.

Außerdem kannst du …
… einen Chat und ein Lied zum Thema „Freundschaft" verstehen.
… eine Geschichte erzählen und einen Chat-Text schreiben.

Grammatik — kurz und bündig

Personalpronomen im Dativ

ich	du	er/es	sie	wir	ihr	sie/Sie
mir	dir	ihm	ihr	uns	euch	ihnen/Ihnen

Verben mit Dativ und Akkusativ

	Dativ (Person)	Akkusativ (Sache)
Viele Verben können zwei Objekte haben: Er erklärt	ihr	Mathe.
Dativ (Person) und Akkusativ (Sache): Sie erklärt	ihm	Deutsch.

Nach einigen Verben steht immer Dativ, z.B: *helfen*:
Ich helfe **dir** in Mathe. Er hilft **mir** in Deutsch.

Frage für den Dativ: Wem?

Komparativ

regelmäßig		mit Umlaut		unregelmäßig	
sportlich	sportlich**er**	groß	größ**er**	gut	besser
ruhig	ruhig**er**	alt	**ä**lt**er**	gern	lieber
hübsch	hübsch**er**	klug	kl**ü**g**er**	viel	mehr

Vergleiche
Mein Freund ist **größer als** ich.
Er ist **genauso** alt **wie** ich. Wir sind **gleich** alt.
Aber er ist **nicht so** sportlich **wie** ich.

Ich bin nicht so groß wie die zwei, aber genauso alt und viel stärker und klüger!

KLEINE PAUSE | P1

 Spielen und wiederholen

Kopf oder Zahl? – Ein Spiel für 2–4 Personen.
Alle haben eine Münze. Spieler/in 1 wirft die Münze:

Dann löst er/sie Aufgabe A oder B: **Kopf** = 2 Schritte nach vorn.
Zahl = 1 Schritt nach vorn.
Richtig? Er/sie kann bleiben.
Falsch? 1 Schritt zurück.

Wer ist am schnellsten am Ziel?

A	START	B
Ich war im Sommer mit mein… Eltern und mein… Schwester zwei Wochen in Griechenland.	1	Was ist für junge Leute beim Thema „Freundschaft" wichtig? Nenne 3 Punkte.
Wie heißt der Spruch? „Mit *ver-*, *er-*, *be-* und *–ieren* kein … notieren!"	2	Komparative: *mehr, dümmer, lieber*. Wie heißen die Adjektive?
Gut, groß, vorsichtig im Komparativ.	3	Nenne 4 Adjektive mit *un-* am Anfang.
Richtig oder falsch? – In Deutschland machen Schüler ein Betriebspraktikum. Sie gehen in die Berufsschule.	4	Mein Bruder mag kein Gemüse und keinen Fisch. Aber Pommes, Pizza, Hamburger schmecken … .
Vor 10 Jahren w… Andrea Tennisprofi werden. Heute ist sie Sportlehrerin an einer Schule.	5	Anke möchte Tierärztin werden, weil … liebt / sie / Tiere / .
Welches Land ist kein Nachbar von D, A oder CH: Frankreich, Italien, Spanien?	6	Einen Lernplan machen. Gib zwei Tipps.
Nenne das Partizip von *erzählen, ankommen, verkaufen, telefonieren*.	7	gut ≠ schlecht, faul ≠ …, hässlich ≠ … ungemütlich ≠ …, langweilig ≠ …
5 Berufe männlich und weiblich: *Lehrer und Lehrerin, …*	8	Mein Bruder ist nicht so sportlich … ich.
Was ist richtig? Mönch, Jungfrau und Eiger sind Berge in der Schweiz / in Österreich.	9	Weil wir kein Brot mehr hatten, m… ich zum Bäcker laufen.
Sascha möchte Arzt werden, weil er …	10	Wie heißt der Spruch? „In Vorseitnachizu und Ausbeimit bleibt man …"
Auf die letzte Klassenparty k… Maria und ich nicht gehen. Wir waren beide krank.	11	Jenny hofft, dass … in 10 Jahren / ist / sie / Popsängerin /.
Wie ist ein guter Freund / eine gute Freundin nicht? 4 Adjektive.	12	Effektiv lernen: Gib 2 Tipps.
Ergänze: Laura schwimmt besser … ich.	13	Deine letzten Ferien. Wie war das Wetter?
Wie waren deine letzten Ferien: 😊 oder 😞?	14	Hilfst du m… in Mathe, dann helfe ich d… in Deutsch.
Anna sagt, dass … werden / sie / möchte / Friseurin /.	15	Wie ist ein guter Freund / eine gute Freundin? 4 Adjektive.
	ZIEL	

P1 | KLEINE PAUSE

Fragen-Spiel

Phase 1

Arbeitet in 4 Gruppen (A–D).
Jede Gruppe notiert in 5 Minuten so viele
Fragen wie möglich zum Thema „Vorstellung":
Name, Hobby, Familie, Schule, …

Phase 2

Gruppe A stellt eine Frage an Gruppe B.
B antwortet und stellt Gruppe C eine Frage, usw.
Keine Frage darf doppelt vorkommen.
Welche Gruppe hat die meisten Fragen?

Mündliche Prüfung: Fit A2, Teil 1

1.35–1.37 Ihr hört die mündliche Prüfung mit Bert und
Berta zweimal.
1. am Montagmorgen um 8 Uhr
2. am Mittwochvormittag um 11 Uhr.

a Wo passt das Bild? Zu 1 oder 2?

b Welche Prüfung ist besser? Warum?

c Hört Version 2 noch einmal. Könnt ihr ein paar
Fehler finden?

d Ergänze den Lerntipp.
laut – deutlich – Ein-Wort-Antworten – interessant.

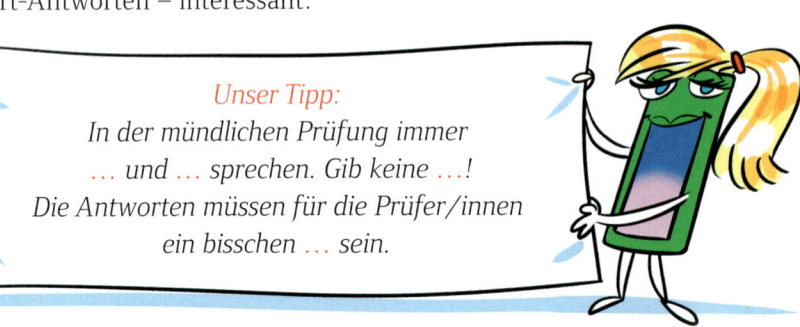

Unser Tipp:
In der mündlichen Prüfung immer
… und … sprechen. Gib keine …!
Die Antworten müssen für die Prüfer/innen
ein bisschen … sein.

e Spielt die mündliche Prüfung. – Arbeitet in Gruppen zu viert. Schreibt die Themen auf Kärtchen.
Zwei sind Prüfer/innen zwei sind Schüler/innen. Die Schüler/innen ziehen jede/r drei Karten. Dann
beginnt die mündliche Prüfung. Die Prüfer/innen sagen, was in der Prüfung besonders gut war.

Kleine Pause | P1

Eine Theaterszene
Horst Pillau: Der Babysitter

1.38 Der Junge (möglichst klein) steht vor der Wohnungstür, drückt auf einen imaginären Klingelknopf und läutet Sturm. Die Frau kommt ärgerlich heran und öffnet die (ebenfalls imaginäre) Wohnungstür.

Frau:	Junge! Wenn nicht sofort aufgemacht wird, muss man doch nicht gleich Sturm läuten!
Junge:	Tja, das ist Temperamentsache.
Frau:	Was willst du überhaupt?
5 Junge:	Ich bin der Rainer. Sie haben mich doch für heute Abend bestellt.
Frau:	Ich dich? Wozu?
Junge:	Ich bin der Sitter.
Frau:	Was für ein Sitter?
Junge:	Der Babysitter.
10 Frau:	Du? Du brauchst doch selber noch einen.
Junge:	Na, erlauben Sie mal, Frau Paget. Auf solche Scherze reagier ich empfindlich.
Frau *unglücklich*:	Ich dachte, Herr Benndorf schickt mir einen viel älteren Jungen … besser noch ein Mädchen.
Junge:	Ich dachte, es gibt so was wie Gleichberechtigung.
15 Frau:	Das schon … natürlich … aber Mädchen können wohl besser mit Babys umgehen …
Junge:	Diese Ansicht ist aber sehr überholt, Frau Paget. Heute sind es die Männer, die mehr auf Kinder stehen als die Frauen.
Frau:	Ja, Männer … aber du …
Junge:	Ich bin sehr kinderlieb.
20 Frau:	Hm … bist du nicht etwas zu energisch für ein Baby … wenn ich an dein Klingeln denke … Was machst du denn zum Beispiel, wenn mein Mann und ich weggehen?
Junge:	Da wird zuerst mal gewindelt.
Frau:	Du windelst?
Junge:	Ich windle wie nichts. Reine Routinesache.
25 Frau:	Worauf muss man dabei achten?
Junge:	[…]

Was ihr mit dem Text tun könnt:

1. Die Szene lesen, hören und verstehen. Den neuen Wortschatz selbst erarbeiten.
2. Mit verteilten Rollen lesen und den Sketch spielen.
3. Den Sketch weiterschreiben: Herr Paget kommt nach Hause. Was sagt er?
4. Diskutieren: Jungs als Babysitter, geht das? (evtl. auch in eurer Muttersprache)

V1 | VIDEO – Wie war's in den Ferien?

Wie war's in den Ferien?

1 Vor dem Sehen

a Das sind Kiki, Jan und Tessa. Die drei sprechen über ihre Ferien. Schaut die Fotos A–C an. Was haben Jan, Tessa und Kiki in den Ferien gemacht? Welcher Satz passt zu welchem Foto?

Kiki — Jan — Tessa

A

B

C

1. Jan war am Meer.
2. Kiki war in der Schweiz beim Matterhorn.
3. Tessa war in den Bergen zum Klettern.

b Thema „Klettern" – Diese Wörter helfen euch beim Verstehen.

sich dehnen und sich lockern

das Seil
der Helm
der Hüftgurt
der Beckengurt

2 Beim Sehen

a Lies den Text und sieh dann das Video an.

Die Reporterin Simone war beim Klettern. Klettern ist gefährlich. Man muss gut aufpassen. Sie zeigt, was man für die Sicherheit tun muss. Anfänger klettern immer am „top-rope". So kann kein Unfall passieren.

b Korrigiere die Aussagen.
1. Tessa war mit ihren Eltern in den Dolomiten.
2. Sie hat Bergtouren bis auf 4000 Meter gemacht.
3. Das Wetter war schlecht.
4. Jan war am Mittelmeer.
5. Es war zu heiß.
6. Jan hat fast nichts gemacht.
8. Kiki war in Österreich.
9. Sie mag die Berge nicht.

3 Nach dem Sehen

Sammelt andere Sportarten. Was ist gefährlich und was nicht?

Ich war schon mal tauchen.

Ich finde, dass Tauchen gefährlich ist.

vierunddreißig

VIDEO – Was möchtest du mal werden? | V1

Was möchtest du mal werden?

1 Vor dem Sehen

a Was möchtet ihr mal werden? Sammelt Ideen.

b Kennt ihr diese Berufe? Schlagt die unbekannten Berufe im Wörterbuch nach.

Lehrer/-in – Journalist/-in – Arzt/Ärztin – Polizist/-in – Koch/Köchin – Erzieher/-in – Krankenpfleger/Krankenschwester – Elektriker/-in – Hausmann/Hausfrau – Solartechniker/in – Reporter/in – Schreiner/in – Manger/-in – Touristikkaufmann/-kauffrau

2 Beim Sehen

a Seht euch Teil 1 mindestens zweimal an.
– Welche Berufe aus 1a zeigen die Bilder?
– Welche Berufe passen zu Tessa, Jan und Kiki?

Zu … passt … weil sie …

Sie sagt, dass …

Merle will …, weil …

b Teil 2 – Das Berufspraktikum in der Autoproduktion – Was machen die Jugendlichen im Praktikum zuerst und was danach. Ordne die Aussagen und schreibe die Zusammenfassung.

der Motor

die Schraube sitzt perfekt

die Fabrikhalle

1. Am ersten Tag hat ein Ingenieur einen Motor erklärt.
2. Am Schluss sind die Schüler in die Motorenproduktion gegangen.
3. Dann sind die Schüler in die Produktion gegangen.
4. Das Praktikum war eine Woche lang.
5. Die Arbeit war nicht sehr kompliziert, und die Fabrikhallen waren alle sehr sauber.
6. Die Jugendlichen haben ein Praktikum in der Autoproduktion gemacht.
7. Und sie haben auch ein bisschen gearbeitet.

3 Nach dem Sehen

Ein Praktikum in eurer Schule.
Was kann man den Praktikanten zeigen?
Was können sie ausprobieren?
Macht eine Praktikumsprogramm für zwei Tage.

fünfunddreißig

V1 | Video – Freundschaft

🎥 Freundschaft

1 Vor dem Sehen

Schaut die vier Bilder an. Sie erzählen eine Geschichte. Notiert 3 Minuten lang Wörter und Ideen zu den Bildern. Sammelt dann in der Klasse.

2 Beim Sehen

a Seht zuerst ohne Ton und notiert dann Wörter und Ausdrücke zu den Bildern.
b Welche Musik erwartet ihr: laut, leise, aggressiv, romantisch, schnell, langsam …
c Seht die Szene jetzt mit Ton. Achtet auf die Musik und die Bilder.
Wie ist die Musik am Anfang?
Wie ist sie in der Mitte?
Wie ist sie am Ende?

3 Nach dem Sehen

Arbeitet in Gruppen und wählt aus:
– Schreibt die Geschichte.
– Schreibt und spielt den Streit.
– Schreibt und spielt das Telefonat von Kiki und mit ihrer Freundin.
– Schreibt und spielt das Telefonat von Jan mit Kikis Freundin.
– Schreibt und spielt die Szene im Geschäft.
– Überlegt: Kiki will sich nicht wieder versöhnen. Wie verläuft das Gespräch?

Bilder und Töne

4

Das lernst du

– Über Medien sprechen
– Sagen, was man darf / nicht darf
– Bedingung und Zeit nennen (*wenn*)
– Anweisungen weitergeben

Ein Tag im Leben von Luisa

Beschreibt die Bilder. Hört dann die Geschichte und ordnet die Sprechblasen zu. ◁)) 1.39

Luisa, der Fernseher bleibt aus! Du sollst in Ruhe frühstücken!

Ich muss die Datei heute noch abschicken.

Theo, gib mir den Kopfhörer!

Mist, ich habe Englisch vergessen.

Jan ist ein Schatz!

siebenunddreißig 37

4 | Bilder und Töne

1   Ein Tag – viele elektrische Geräte

a Bring die Texte in die richtige Reihenfolge. Ordne sie dann den Bildern auf Seite 37 zu.

1 Pause – Jan zeigt mir seine Fotos vom Klassenausflug auf seinem Handy. Wer ist denn das? Ein Mädchen hat meinen Jan im Arm. Hey, Finger weg! Das darfst du nicht!

2 Es ist 6 Uhr, mein Handy klingelt. Es spielt mein Lieblingslied. Was für ein Tag! Die Sonne scheint, aber ich darf nicht ins Schwimmbad. Ich muss in die Schule.

3 Mittagspause: Erst Kantine, dann Yoga. Das tut mir gut. Eine halbe Stunde totale Ruhe, kein Bildschirm, kein Handy. Das finde ich echt gut. Danach muss ich gleich meine Nachrichten checken. Nachricht von Mama: Ich soll auf dem Weg nach Hause noch etwas einkaufen. Ich wollte doch zu Jan gehen. Mist!

4 Ich mache meine Hausaufgaben am Laptop. Die Datei mit dem Aufsatz muss ich an Frau Strunz schicken. Sie will den Text heute Abend lesen. Ich darf nicht vergessen, dass ich ihn auch ausdrucken muss. Nach den Hausaufgaben darf ich noch ein bisschen fernsehen.

5 Es ist 7 Uhr 30. Ich sitze im Bus und höre Musik. Da fällt mir ein, dass ich die Englischhausaufgaben vergessen habe. Mist, ich wollte doch die neue App ausprobieren. Ich lese schnell den Text und lerne die Wörter.

6 Ich gehe ins Bad und mache das Radio an. Beim Zähneputzen – meine Zahnbürste ist elektrisch – höre ich *Das Ding*, das ist mein Lieblingssender im Radio.

7 Da passiert es. Licht aus, Fernseher aus. Alles ist dunkel. Stromausfall! Das darf nicht wahr sein! Wo finde ich eine Kerze? Wo sind die Streichhölzer? Gott sei Dank funktioniert der Laptop noch.

8 Frühstück: Papa sitzt schon da und liest die Zeitung. Ich mache den Fernseher an. Mama macht ihn aus. Sie erlaubt nicht, dass ich morgens fernsehe. Sie meint, dass ich mehr Zeitung lesen soll. Ich höre lieber *Das Ding*. Mama merkt nicht, dass ich einen Ohrhörer im Ohr habe.

9 Zweite Stunde: Geschichte. Max und Emily halten ihren Vortrag: „Geschichte der Europäischen Union". Ich mag Geschichte. Die Hälfte von der Klasse schläft. Theo ist so dumm. Er hat bei Frau Merz im Unterricht Musik gehört. Natürlich musste er sein Handy abgeben und hat eine Strafarbeit bekommen. Mein Handy klingelt. Ich habe es auf Vibrationsalarm gestellt. Wir dürfen unsere Handys im Unterricht nicht anschalten. Eine Nachricht von Jan. Er ist so lieb.

1.39 **b** Hör noch einmal zur Kontrolle.

c Schreibt Fragen zum Text. Fragt und antwortet in der Klasse.

Wo hört Luisa Musik? *Im Bett und im Badezimmer.* *Das ist richtig. Wo noch?* *Was fällt ihr in der Straßenbahn ein?*

2 Ich darf …

a Vergleiche Luisa mit dir. A liest einen Satz vor, B antwortet.
1. Luisa darf am Wochenende bis 10 Uhr weggehen.
2. Luisa darf keine Computerspiele spielen.
3. Luisa darf abends bis 10 Uhr fernsehen.
4. Luisa darf jeden Monat zweimal ins Kino gehen.
5. Luisa darf in der Schule ihr Handy nicht benutzen.
6. Luisa darf am Wochenende bei ihrer Freundin schlafen.
7. Luisa darf morgens nicht fernsehen.

Ich darf in der Schule nicht klingeln!

Abends darf Luisa ein bisschen fernsehen.

dürfen	Präsens	Präteritum
ich	darf	durfte
du	darfst	durftest
er/es/sie/man	darf	durfte
wir	dürfen	durften
ihr	dürft	durftet
sie/Sie	dürfen	durften

b Schreibt vier Fragen. Arbeitet zu zweit.
Fragt und antwortet.
Durftest du mit vier Jahren …?
Ab wann durftest du …?

c Berichtet in der Klasse.

3 Technikwörter

a Welche Verben und Nomen passen zusammen? Es gibt mehrere Möglichkeiten.

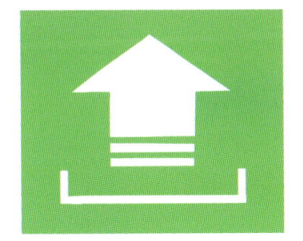

*hoch*laden   *runter*laden   *an*schalten/*aus*schalten   öffnen

*runter*laden   *hoch*laden   surfen   *an*sehen
machen   *an*machen   *aus*machen   hören
schreiben   lesen   klingeln   checken
schicken   öffnen   schließen   starten

die SMS   die E-Mail   die Nachricht   die Datei
die Homepage   das Smartphone   der Laptop
das Internet   der Brief   die App   die MP3-Datei
der Film   das Foto   das Tablet   das Handy

b Schreib Sätze wie im Beispiel.   *Ich surfe im Internet.*

4 Phonetik: englische Wörter im Deutschen

So spricht man die Wörter auf Deutsch – Hör zu und sprich nach.
1.40
1. der Computer, der Laptop und das Tablet
2. das Internet, die Homepage und die E-Mail
3. das Handy, das Smartphone und die App
4. die DVD, die Blu-ray und die MP3-Datei
5. surfen, chatten

neununddreißig 39

4 | Bilder und Töne

5 Hören – Interview mit Johnny

a Hör zu. Zwei Aussagen sind falsch. Welche?
1. Johnny surft täglich 90 Minuten im Internet.
2. Er sieht jeden Tag 60 Minuten fern.
3. Er hört jeden Tag drei Stunden Musik.
4. Er liest nie ein Buch.
5. Er spielt nie Computerspiele.
6. Er geht zweimal pro Monat ins Kino.

b Radio, Fernsehen, Zeitung … – Was nutzt ihr wie oft? Macht eine Klassenstatistik.

fernsehen – ins Kino gehen – Musik hören – ein Buch lesen – eine Zeitung oder eine Zeitschrift lesen

	täglich	einmal pro Woche	einmal pro Monat	nie
im Internet recherchieren	IIII			
im Internet einen Film sehen				
Computerspiele spielen				
…				

Wer recherchiert täglich im Internet?
Wer sieht nur einmal pro Monat fern?
Wer spielt nie Computerspiele?

c Sprecht über die Klassenstatistik.

Die Statistik zeigt, dass nur wenige jeden Tag …

nur wenige
manche / einige
viele
die meisten
alle

6 Wenn ich Zeit habe, …

a Was hat Johnny gesagt? Ordne zu und ergänze das *Denk nach*.
1. Wenn ich am Wochenende Zeit habe,   a) darf ich fernsehen.
2. Wenn ich die Hausaufgaben fertig habe,   b) höre ich Musik.
3. Immer wenn es möglich ist,   c) lese ich Zeitschriften.

Denk nach		
Position 1	Position 2	
Wann	liest	du?
Wenn ich am Wochenende Zeit …,	…	ich.

1 Wenn ich Geld habe, kaufe ich immer Computerspiele.

b Schreib *wenn*-Sätze.
1. ich / Geld haben – immer / Computerspiele kaufen
2. meine Mutter / nach Hause kommen – sie / ihre E-Mails checken wollen
3. mein Vater / Zeit haben – wir / zusammen ein Computerspiel spielen
4. ich / Informationen brauchen – ich / im Internet recherchieren
5. ich / von der Schule nach Hause kommen – ich / erst Hausaufgaben machen müssen
6. meine Schwester / kein Internet haben – sie / ganz nervös werden

c Fragt und antwortet mit *wenn*-Sätzen.
Was machst du, wenn du zu Hause nicht fernsehen darfst?

7 Fernsehen

a Schau die Bilder an. Welche Fernsehsendungen kennst du?

1. die Fernsehserie
2. die Nachrichten
3. der Wetterbericht
4. der Tierfilm
5. die Sportsendung
6. der Krimi
7. die Zeichentrickserie / die Comicserie
8. die Talkshow
9. die Castingshow

b Du hörst Töne aus vier Fernsehsendungen. Notiere die Nummer aus 7a.

c Hör zu und notiere. Was sehen deutsche Jugendliche gerne im Fernsehen?

d Welche Sendungen kannst du in deinem Land sehen?

e Was siehst du gerne / nicht gerne im Fernsehen?
Was sehen deine Geschwister und Eltern gerne / nicht gerne?
Macht Partnerinterviews und berichtet.

> **Deutsche Fernseh- und Radiosender**
> Die größten deutschen Fernsehsender sind heute die öffentlich-rechtlichen Sender *Das Erste* und das *ZDF* (Zweites Deutsches Fernsehen). Daneben gibt es zahlreiche private Fernsehsender.
> Die öffentlich-rechtlichen Fernseh- und Radiosender in Österreich und in der Schweiz heißen *ORF* (Österreichischer Rundfunk) und *SRF* (Schweizer Radio und Fernsehen). Viele deutschsprachige Fernsehsender haben heute eine Mediathek. Dort kann man zahlreiche Fernsehbeiträge ansehen.

Ich sehe gerne ..., weil ...
Meine Eltern sehen auch gerne ..., weil ...
Ich finde, dass ...

sehe nicht gerne / überhaupt nicht gerne
sehen lieber / nicht gerne

4 | Bilder und Töne

8 Du sollst …

a Sieh das Bild an. Was passiert hier? Sammelt in der Klasse.

b Hör den Dialog. Wie spricht Andy? Wie spricht die Mutter?

c Lies den Dialog. Ergänze das *Denk nach* und dann die Sätze 1–4.

● Andy, hast du die Spülmaschine ausgeräumt?
■ Mache ich gleich.
● Ich habe dir auch schon vor einer Stunde gesagt, dass du dein Zimmer aufräumen sollst.
■ Immer ich. Tarik soll auch mal was machen.
● Und hast du deine Hausaufgaben gemacht?
■ Gleich. Ich fange gleich an!
● Ihr sollt doch bis morgen das Referat machen.
■ Ja, ist ja gut – ich fange ja gleich an.
● Jetzt ist aber Schluss! Mach sofort den Computer aus. Heute und morgen kein Fernsehen, kein Computer!
■ Und was soll ich dann machen?
● Du sollst: die Spülmaschine ausräumen, deine Hausaufgaben machen, dein Zimmer …

1. Andy … die Spülmaschine …
2. Andys Mutter ist böse, weil …
3. Andy hat sein Zimmer …
4. Sie sagt, dass Andy heute und morgen …

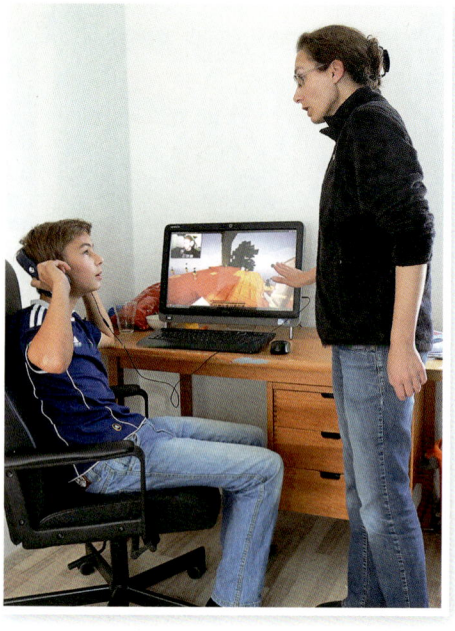

Denk nach	
sollen	
ich	soll
du	soll…
er/es/sie/man	soll…
wir	sollen
ihr	soll…
sie/Sie	sollen

d Anweisungen weitergeben. Ergänze die Sätze 1–7 mit *sollen* wie im Beispiel.

1. Lehrer: Mach das Handy aus! — Ich habe gesagt, dass du …
2. Mutter: Mach den Computer aus! — Meine Mutter sagt, dass ich …
3. Schwester: Gib mir mein Smartphone zurück! — Ich habe dir gestern gesagt, dass du …
4. Lehrer: Ihr macht die Präsentation am Montag. — Herrn Klein sagt, dass wir …
5. Freund: Ruft mich nicht nach 10 Uhr an. — Ich habe so oft gesagt, dass ihr …
6. Andy: Hilf mir bitte. — Andy hat gesagt, dass ich …
7. Vater: Surft nicht so viel im Internet! — Papa hat gesagt, dass wir …

> *Ich habe gesagt, dass du das Handy ausmachen sollst.*

9 Ich habe dir gesagt …

a Nachfragen – Hör zu und sprich nach.

b Spielt Minidialoge.

> *Mach dein Handy aus!* — *Was hat sie gesagt?* — *Sie hat gesagt, dass du dein Handy ausmachen sollst.*

c Variiert und spielt den Dialog aus Aufgabe 8.

10 Sorgen-Chat

a Beschreibt die Bilder. Was passiert? Was sind die Unterschiede?

b Lies die Nachricht. Ordne ein passendes Bild und eine Überschrift zu.

1 Computersüchtig! **2** Lass mich in Ruhe! **3** Ich liebe dich!

mein Kummerkasten.org

VON: SuperGirl

Hallo, liebes Team.
Ich habe ein großes Problem. Ich bin mit meinem Freund schon über ein halbes Jahr zusammen. Seit ein paar Wochen spielt er dauernd Online-Spiele. Er spielt auch, wenn ich bei ihm bin. Ich finde Computerspiele blöd. Ich möchte gerne ins Kino gehen, Freunde treffen oder in die Stadt zum Shoppen gehen. Aber wenn ich das sage, dann wird er sauer. Das ärgert mich und macht mich traurig. Aber das versteht er nicht. Manchmal sitzt er drei Stunden vor dem Laptop, wenn ich da bin. Und wenn wir unterwegs sind, spielt er auf dem Handy weiter. Ich habe ihn gefragt: Was machst du, wenn du zwischen Computerspielen und Freundin wählen musst? Er findet die Frage blöd. Liebt er mich überhaupt? Ich habe schon oft geweint. Merkt er es erst, wenn ich ihn verlasse? Helft mir!

c Lies noch einmal und entscheide für 1–8: richtig, falsch, ich weiß nicht (?).

1. SuperGirl ist glücklich.
2. Sie hat einen Freund.
3. Der Freund ist 15 Jahre alt.
4. Er hat einen Computer.
5. Er geht gerne ins Kino.
6. Sie spielt mit ihm ein Computerspiel.
7. Der Freund sitzt Stunden vor dem Computer.
8. Der Freund findet SuperGirl blöd.

d Eure Meinung.
Was können oder müssen SuperGirl und der Junge tun? Sammelt Ideen.

Ich meine, SuperGirl kann …

Der Junge darf nicht … oder SuperGirl muss …

e Schreib deine Antwort an SuperGirl.

4 | Das kannst du

Über Medien sprechen

Wie oft bist du im Internet?
Die meisten lesen Zeitschriften.
Einige lesen Zeitung.
Nur wenige lesen jeden Tag.

Jeden Tag zwei Stunden.
Einmal pro Woche.
Selten.
Fast nie.

Sagen, was man darf / nicht darf

Wie lange darfst du weggehen?
Mein Bruder darf nicht so lange weggehen.
Mit 12 Jahren durfte ich auch noch nicht abends weggehen.

Am Wochenende darf ich bis 10 Uhr weggehen.

Der Junge darf nicht immer vor dem Computer sitzen.
SuperGirl kann ihren Freund verlassen, wenn er keine Zeit für sie hat.

Bedingung und Zeit nennen (*wenn*)

Wenn ich die Hausaufgaben fertig habe, darf ich fernsehen.
Wenn ich Zeit habe, (dann) chatte ich mit meinen Freunden.

Anweisungen weitergeben

Ich habe dir gesagt, dass du dein Zimmer aufräumen sollst.
Papa hat gesagt, dass ich nicht so viel im Internet surfen soll.

Außerdem kannst du …

… ein Interview verstehen.
… einen Text über Fernsehen schreiben.

Grammatik — kurz und bündig

Darf ich noch ein bisschen telefonieren?

Ich habe dir gesagt, du sollst endlich mal ruhig sein.

Modalverben *dürfen* und *sollen*

Infinitiv	dürfen		sollen
	Präsens	Präteritum	Präsens
ich	**darf**	durfte	soll
du	da**r**fst	du**r**ftest	sollst
er/es/sie/man	**darf**	du**r**fte	soll
wir	dürfen	du**r**ften	sollen
ihr	dürft	du**r**ftet	sollt
sie/Sie	dürfen	du**r**ften	sollen

Sätze mit *wenn* … (*dann*)

Position 1		Position 2	
Wann		**liest**	du?
Wenn ich Zeit **habe**, (dann)		**lese**	ich.
Ich		**lese,**	**wenn** ich Zeit **habe**.

Zusammen- leben

5

Das lernst du
- Über Gefühle sprechen
- Streiten und Kompromisse finden
- Regeln formulieren

Auf Bild A sieht man …

Ich denke, die Fotos zeigen …

Sieh die Fotos genau an und beschreibe sie.

Hör zu. Was erzählt Miri? Mach Notizen und berichte. 1.46

Miriam, 15 aus Kassel

Miriam sagt, dass sie aus Kassel ist. Sie ist seit …

5 | Zusammenleben

1 Die Carl-Strehl-Schule in Marburg

a Lies den Text. Notiere zu jedem Foto eine Information aus dem Text.

Bildergalerie Carl-Strehl-Schule Marburg Impressum Kontakt

Die Carl-Strehl-Schule ist eine besondere Schule. Sie liegt in der Mitte von Deutschland, in Marburg, und ist das einzige Gymnasium für blinde und sehbehinderte Schülerinnen und Schüler in Deutschland. Die Schüler können ab Klasse 5 die Schule besuchen und dort nach 9 Jahren das Abitur machen.

Die Schule bietet neben dem Gymnasium aber noch eine Reihe anderer Schulformen an, z. B. Fachoberschulen und eine Berufsschule.

Die Schüler kommen aus ganz Deutschland und wohnen im Internat. Das Internat ist nicht in der Schule. Es gibt mehr als 40 Wohngruppen in der ganzen Stadt Marburg. In jeder Wohngruppe wohnen 4–8 Schüler und Schülerinnen. Sie müssen jeden Morgen selbstständig zur Schule gehen.

Die Schüler lernen in der Schule die ganz normalen Schulfächer. Zusätzlich haben sie Unterricht in Blindenschrift, Orientierung und Mobilität (Wie komme ich vom Wohnheim zur Schule und …?), lebenspraktischen Fähigkeiten (aufräumen, ordnen, Essen machen usw.) sowie Computer. Diese Fächer sind für die blinden und stark sehbehinderten Schüler besonders wichtig.

Die Carl-Strehl-Schule bietet viele Freizeitaktivitäten. Die Schüler können Sport machen (reiten, Ski fahren, Fußball spielen, Judo …). Sie können auch Theater spielen, im Chor singen oder in einer Band spielen. Die Carl-Strehl-Schule ist eine „europäische Schule". Sie organisiert schon seit mehr als 30 Jahren Schüleraustauschprogramme mit England, Frankreich, Polen und anderen Ländern.

Mehr: www.blista.de

b Lies noch einmal und beantworte die Fragen.
1. Wo liegt die Carl-Strehl-Schule?
2. Wer geht in die Carl-Strehl-Schule?
3. Was lernen die Schüler in dieser Schule?
4. Wo wohnen die Schüler?
5. Was machen die Schüler in ihrer Freizeit?

> **i** Marburg ist eine alte deutsche Universitätsstadt. Sie hat 80 000 Einwohner und davon sind fast 20 000 Studenten.
> Die Stadt liegt ungefähr 90 km nördlich von Frankfurt am Main.

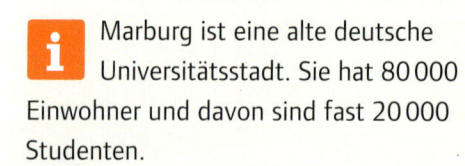

c Wortschatztraining: Suche im Text Komposita mit diesen Wörtern.

praktisch – sehen – behindert – blind – wohnen – das Leben – der Austausch – der Schüler – die Aktivität – die Schule – die Freizeit – das Heim – der Beruf – die Schrift – das Programm

lebenspraktisch

2 Interview mit Katha

🔊 1.47 Hör zu und notiere für 1–5: richtig oder falsch.

1. Katha ist 15 und geht in Klasse 10.
2. Katha lernt Gitarre in der Musikschule von Marburg.
3. Katha spielt in einer Band mit anderen blinden Jugendlichen.
4. Beim Musikmachen spielt Kathas Blindheit keine Rolle.
5. Bei dem Song „Durchblick" geht es um die Probleme von Blinden.

3 Fragen zur Carl-Strehl-Schule

a Lies die Fragen und ergänz das *Denk nach*.

Welche Fächer gibt es in der Blindenschule?
Welche Fächer gibt es in anderen Schulen nicht?
Welche Probleme gibt es?
In welcher Stadt … ?
Welche Freizeitaktivitäten …?

Denk nach

welch…, jed…, dies…
Die Endungen sind wie bei *der/das/die*.

Welch**e** Fächer gibt es?
In welch… Stadt wohnt Katha?
Dies… Fächer sind für Blinde sehr wichtig.
In jed… Wohngruppe wohnen 4–8 Schüler.

b Schreibt Fragen zum Text und zum Interview. Fragt und antwortet.

4 Orientierung und Mobilität – Ein Versuch

a Eine/r verbindet sich die Augen. Die anderen dirigieren sie/ihn durch die Klasse, z. B. von der Tür bis zum Fenster.

Geh drei Schritte geradeaus. Da ist ein Tisch.

Geh ein bisschen weiter und dann links.

Langsamer! Ich verstehe nichts!

b Wie habt ihr euch gefühlt?

Ich war sehr unsicher.

Ich hatte ein bisschen Angst

Projekt

Stellt besondere Schulen aus eurem Land vor: Sportinternat, Musikinternat …

5 | Zusammenleben

5 Die Wohngruppe

a Lies die Texte. Sind die Jugendlichen gerne im Internat?

Wir sind eine Wohngruppe mit acht jungen Leuten. Unsere Wohnung ist groß, acht Zimmer, Küche, zwei Bäder und ein Wohnzimmer. Die Zimmer sind nicht groß, aber wir fühlen uns sehr wohl. Das Beste ist, hier sind alle Freunde und jeder kann mit seinen Fähigkeiten der Gruppe helfen. Wir setzen uns oft zusammen und unterhalten uns oder spielen (z. B. Schach oder Musikgruppen-Raten). Natürlich helfen wir uns auch gegenseitig beim Lernen und selbstverständlich streiten wir uns auch heftig, wenn es sein muss. Die meisten Konflikte gibt es über die Hausarbeit. Wer hat die Spülmaschine nicht ausgeräumt? Wer hat nicht richtig geputzt? …

Ich setze mich am liebsten in meinen Sessel und höre Hörbücher oder Musik. Wenn man ein Problem hat, ist immer jemand da, der fragt: Fühlst du dich schlecht? Bist du traurig? Man fühlt sich nie allein.

Leo Sandorn

Ich freue mich immer, wenn Katha Gitarre spielt und wir singen. Jeder ärgert sich, wenn er oder sie die Spülmaschine ausräumen muss, ich auch. Aber das Gute ist, dass wir über alles reden und so Konflikte lösen können.

Tekla Roth

Die meisten fühlen sich richtig gut, wenn wir etwas gemeinsam machen.
Ich ärgere mich morgens oft, wenn das Bad besetzt ist, weil ich meistens zu spät dran bin und dann Stress habe.

Selma Pasch

Wir kennen uns alle sehr gut und wissen, wer sich wann gut fühlt oder nicht. Ich ärgere mich sehr, wenn ich schlechte Noten bekomme. Das macht mich wütend. Aber dann kann ich mit Tekla reden und sie beruhigt mich wieder.

Dario Fogler

b Die Aussagen 1–6 sind falsch. Korrigiere sie.
1. Die Zimmer in der Wohngruppe sind groß.
2. Sie streiten sich oft über die Hausarbeit.
3. Leo fühlt sich einsam.
4. Tekla räumt gern die Spülmaschine aus.
5. Selma ist immer pünktlich.
6. Dario hat kein Problem, wenn manchmal etwas nicht gut läuft.

c Ergänze 1-5 mit Informationen aus dem Text. Ergänze dann das *Denk nach*.
1. … setzt sich am liebsten …
2. … freut sich …
3. … ärgert sich …
4. … kennen sich …
5. … helfen uns …

Denk nach

Reflexivpronomen

Ich fühle **mich** super.   **Wir** freuen **uns** sehr.
Wie fühlst **du dich**?   Wie fühlt **ihr euch**?
Er/Es/Sie/Man ärgert … .   **Sie** freuen … .

*Reflexivpronomen sind einfach für dich. Merk dir: 3. Person immer **sich**.*

6 Gefühle zeigen

a Schreib zu jeder Frage mindestens zwei Beispiele.
1. Wann freust du dich?
2. Wann ärgerst du dich?
3. Wann fühlst du dich besonders wohl?
4. Wann fühlst du dich nicht so wohl?
5. Wann bist du gerne allein?

b Arbeitet zu viert. Fragt und antwortet.

c Sprechen üben – Lies den Tipp und hör zu. Welches Foto passt zu welcher Aussage?

Das sieht ja toll aus!

Das sieht ja toll aus!

TIPP
Der Ton macht die Musik.
Achte nicht nur auf die Wörter.
Mimik und Tonfall helfen beim Verstehen.

d Probiert es selbst mit verschiedenen Sätzen aus.

Das hast du ja toll gemacht.
Das hast du ja ganz toll gemacht.
Vielen Dank für deine Hilfe.
Das ist ja eine fantastische Idee.
…

e Fragt euch gegenseitig.

Was tust du, wenn du dich ärgerst?

Was machst du, wenn du dich freust?

Wohin gehst du, wenn du traurig bist?

Wenn ich mich ärgere, dann …	…, dann möchte ich etwas kaputt machen.
Wenn ich mich freue, dann …	…, dann singe ich laut. / höre ich wilde Musik.
Wenn ich mich gut/schlecht/ fantastisch/traurig … fühle, dann …	…, dann möchte ich mit … telefonieren.
	…, dann rede ich nicht. / möchte ich allein sein.
	…

7 Phonetik: *p, t, k* – kräftig sprechen

Hör zu und sprich kräftig nach.

p – t – k
p – t – k
p – t – k

Total kaputt!
Fantastisch!
Prima!
Cool!

5 | Zusammenleben

8 Streit am Morgen

a Hört die Szene und betrachtet die Karikatur. Beschreibt die Szene. Kennt ihr die Situation?

b Hör den Dialog. Was ist das Problem?

c Hör noch einmal und lies mit. Notiere die betonten Wörter.

- Das ist meine Dusche, ich war zuerst da.
- Nein, ich war schon vorher da und habe meine Sachen hingelegt. Geh doch zu der anderen Dusche.
- Geh du doch. Du ärgerst dich ja nur, weil ich zuerst da war.
- Warst du gar nicht! Hier sind meine Sachen.
- Ja, deine Sachen, aber nicht du. Reservieren darf man nicht, sonst komme ich das nächste Mal mittags und leg meine Sachen hin, dann ist die Dusche für mich reserviert.
- Quatsch, die hab ich gar nicht mittags hingelegt, gerade eben. Ich musste nur noch mein Shampoo holen.
- Na gut, dann geh du, aber beeil dich, ich will auch noch fertig werden.

meine   zuerst

d Sprechen üben – Hör die Sätze und sprich nach.

Geh du doch!
Warst du gar nicht!
Reservieren darf man nicht.

e Lest und spielt den Dialog.

f Streitszenen – Bereitet einen Dialog zu A, B oder C vor und spielt ihn.

A   B   C

fünfzig

9 Streiten und Streit schlichten

a Hör zu und schreib den Dialog im Heft.
- Ist auch besser so, die Musik ist ja voll ätzend.
- Ja klar, hör mal.
- Mach doch mal die Musik leiser!
- Du kannst doch …

- Ej, suchst du Streit? Lass bloß die Musik laufen! Ich werde sonst echt sauer.
- Meinst du, deine ist besser?
- Noch leiser? Dann hört man ja nichts mehr.

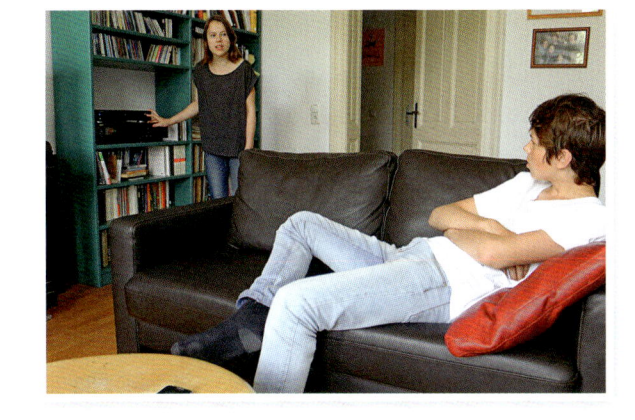

b Lest den Dialog laut.

c Streit-Regeln – Was man tun muss. Was man nicht tun darf.
Lies das *Denk nach* und ergänze die Regeln.
1. Man … anderen zuhören.
2. Man … immer lauter reden.
3. Man … ruhig bleiben.
4. Man … … böse werden.
5. Man … … aggressiv werden.
6. Man … seine Meinung erklären.
7. Man … einen Kompromiss finden.
8. Man … andere … beschimpfen.
9. Wenn man etwas falsch gemacht hat, … man sich entschuldigen.
10. Man muss auch mal nachgeben.

> *müssen – nicht dürfen*
>
> Man **muss** anderen zuhören.
> Man **darf** andere **nicht** beschimpfen.
> Man **darf nicht** aggressiv werden.

Man muss anderen zuhören.
Man darf nicht immer lauter reden.

d Kompromisse finden – Schreibt den Dialog von 9a zu Ende.

mit Kopfhörer hören.	Kopfhörer kaputt.
Kopfhörer ausleihen.	nur noch zwei Lieder zu Ende hören / ausmachen
…	…

10 Schule, Familie, Freunde: Was gehört zum Zusammenleben?

a Sammelt zuerst allein Ideen und diskutiert dann eure Ideen in Gruppen.

gemeinsam lachen — *dem anderen helfen*
zusammen … — **Zusammenleben** — *streiten und Kompromisse finden*

b Sammelt eure Ideen an der Tafel.

c Diskutiert eine Reihenfolge von 10 sehr wichtig bis 1 nicht so wichtig.

- *Ich finde, wichtig ist, dass man …*
- *Ich finde auch wichtig, dass …*
- *Ich finde … wichtig, aber nicht so wichtig wie …*
- *Mir fällt das Wort nicht ein. Wie sagt man … auf Deutsch?*

d „Gut zusammen leben" – Was ist für dich persönlich dabei wichtig. Schreib einen Text.

5 | Das kannst du

Über Gefühle sprechen

Wie hast du dich gefühlt.	Ich habe mich sehr unsicher gefühlt. / Ich hatte Angst.
Wann fühlst du dich wohl?	Ich fühle mich wohl, wenn ich Sport mache.
Wann freust du dich?	Ich freue mich, wenn mein Hund mich begrüßt.
Warum hast du dich geärgert?	Ich habe mich geärgert, weil ich lange warten musste.
Was tust du, wenn du dich freust?	Wenn ich mich freue, dann singe ich laut.
Was tust du, wenn du dich schlecht fühlst?	Wenn ich mich schlecht fühle, möchte ich allein sein.

Streiten und Kompromisse finden

Geh doch zur anderen Dusche!	Ich beeile mich.
Warum, geh du doch!	Na gut, ich warte, aber mach bitte schnell.
Quatsch, …!	
Mach doch mal die Musik leiser.	Du kannst doch mit Kopfhörer hören.
Ej, suchst du Streit? Lass bloß die Musik laufen.	Ich kann dir meine Kopfhörer ausleihen.
	Ich höre nur noch zwei Lieder, o.k.?

Regeln formulieren

Man muss anderen zuhören.
Man darf andere nicht beschimpfen.
Wenn man etwas falsch gemacht hat, muss man sich entschuldigen.

Außerdem kannst du …

… einen Text über eine Schule verstehen.
… ein Interview verstehen.

Grammatik   **kurz und bündig**

Reflexivpronomen

				Einige reflexive Verben:
ich freue	mich	wir freuen	uns	sich ärgern
du freust	dich	ihr freut	euch	sich streiten
er/es/sie/man freut	**sich**	sie/Sie freuen	**sich**	sich entschuldigen
				sich wohlfühlen
				sich gut/super/… fühlen

*Reflexivpronomen sind einfach für dich.
Merk dir: 3. Person immer sich.*

Deklination: welch-

Nominativ	Akkusativ	Dativ
(de**r**) welch**er** Schüler	(de**n**) welch**en** Schüler	(de**m**) welch**em** Schüler
(da**s**) welch**es** Fach	(da**s**) welch**es** Fach	(de**m**) welch**em** Fach
(di**e**) welch**e** Schülerin	(di**e**) welch**e** Schülerin	(de**r**) welch**er** Schülerin
(di**e**) welch**e** Freizeitaktivitäten	(di**e**) welch**e** Freizeitaktivitäten	(de**n**) welch**en** Freizeitaktivitäten

Welche Fächer hast du? Welches Fach magst du am liebsten?
Zu welchen Freizeitaktivitäten gehst du?

Ebenso: *jed-* und *dies-*:
Jeder Schüler und jede Schülerin bekommt eine Aufgabe.
Diese Aufgabe ist vom Schülerbuch und diese ist vom Arbeitsbuch.

Das gefällt mir

6

Das lernst du

– Sagen, was einem gefällt (Mode/Design)
– Sachen und Personen beschreiben
– Kleidung anprobieren und kaufen
– Über eine Statistik sprechen

Wie findest du den Hund?

Den finde ich toll. Er sieht so lieb aus.

Wie findest du die Schuhe?

Die mag ich überhaupt nicht.

Sprecht über die Bilder.

Lies die Sätze und hör die Aussagen. Welche Sätze passen zu wem?
1. Das transparente Handy finde ich super. Ich habe das alte Handy von meinem Vater. Felix
2. Ich mag blaue Sportwagen. Ich liebe schöne Sachen. Leonie
3. Große Hunde mag ich nicht. Julia
4. Moderne Fahrräder finde ich toll. Murat

1.54

6 | Das gefällt mir

1 Was gefällt euch?

a Notiert je drei Sätze wie im Beispiel.

spannende Filme   schwarze/graue/… Katzen   lange/kurze Haare   rote/lange/kurze Röcke
bunte/transparente Handys   junge Pferde   teure Mountainbikes   blaue/grüne/braune Augen
   schnelle Computer
dicke Bücher   leichte Tablets   große Hunde   große Häuser
   rote/blonde/schwarze Haare   bunte T-Shirts
komplizierte Computerspiele   schnelle Computer   schnelle Motorräder   modische Jeans

Große Hunde gefallen mir nicht, weil ich Angst vor ihnen habe.

Ich finde blaue Augen toll. Meine Freundin hat blaue Augen.

> Echt? Ich mag große Hunde. Die sind meistens lieb.

> Ich mag grüne Augen.

b Lest eure Sätze vor. Die anderen kommentieren.

2 Adjektive vor dem Nomen

a Ordne die Texte den Bildern zu. Ergänze sie und lies sie vor.

1. Ich habe einen klein**en**, schwarz**en** … . Er heißt Timo. Er ist ein ganz lieber, freundlicher … . Aber er kann böse sein, wenn er jemanden nicht kennt. Ich mag klein**e** … . (Pl.)

2. Das ist ein schnelle**s**, schöne**s**, schicke**s** … . Ich möchte auch gern ein schicke**s** … . Aber die meisten können keine so teur**en** … . (Pl.) kaufen.

3. Carla trägt immer eine interessant**e** … . Ihre großen … (Pl.) sind ihr Markenzeichen. Ihre rot**e** … ist bestimmt teuer.

A die Tasche, -n
B das Auto, -s
C der Hund, -e

b Lies die Texte noch einmal und ergänze das *Denk nach*.

Denk nach

Singular			Plural
de**r** Hund	da**s** Auto	di**e** Tasche	di**e** Hunde/Autos/Taschen
N ein toll**e**… Hund	ein toll**e**… Auto	eine toll**e** Tasche	— toll**e** Hunde/Autos/Taschen
kein toll**er** Hund	kein toll**es** Auto	keine toll**e** Tasche	keine toll**e**… Hunde/Autos/Taschen
A ein**en** toll**e**… Hund			keine toll**en** Hunde/Autos/Taschen
kein**en** toll**en** Hund			

> Die Possessiva *mein, dein …* funktionieren wie *kein*.

3 Sprechen üben

a Hör zu, sprich nach.

🔊 1.55
- Sie hat einen neuen Laptop.
- Sie hat einen neuen, schnellen Laptop.
- Sie hat einen neuen, schnellen, leichten Laptop.
- Sie hat einen neuen, schnellen, leichten, coolen Laptop.

- Das ist ein teurer Laptop.
- Das ist ein teurer Laptop.
- Das ist ein teurer Laptop.
- Das ist ein teurer Laptop.

b Macht weiter.
- Er hat eine blaue Hose.
- Er hat eine blaue, lange Hose.
- Er hat eine …

- Sie hat ein modernes Fahrrad.

- Das ist eine schicke Hose.
- Das ist eine schicke Hose.

- Das ist ein …

4 Die sehen cool aus

🔊 1.56 **a** Hör zu. Wer ist es? Person A oder B?

b Beschreib A und B.
Was ist gleich?
Was ist anders?

> A und B sind nicht sehr groß.
> A trägt eine schwarze Sonnenbrille
> und B trägt …

5 Deine Klasse

a Personen beschreiben – Lest den Kasten. Sammelt noch mehr Wortschatz dazu.

der Körper	die Haare	die Augen	die Kleidung	Farben – Formen – Muster
groß	schwarz	blau	der Rock	orange lila …
…	glatt	grau	die Hose	lang kurz weit eng
	…	blaugrau	das T-Shirt	gestreift gepunktet kariert
		…	…	‖‖‖‖‖ ⁞⁞⁞ ▦

b Wer ist es? – Schreibt je eine Personen-
beschreibung auf einen Zettel. Tauscht in
der Klasse und lest die Zettel vor.
Die anderen raten.

> Ist das die dritte
> Person von links?

> Nein.

> Dann ist es …

> Meine Person ist nicht
> so groß.
> Sie trägt eine weiße,
> kurze Hose.
> Sie hat mittellange
> blonde Haare.
> Sie trägt einen gro-
> ßen, roten Rucksack.

fünfundfünfzig

6 | Das gefällt mir

6 Online einkaufen

a Fragt und antwortet.

Kaufst du online ein? *Warum?* *Warum nicht?* *Was hast du schon online eingekauft?*

b Schau die Internetseiten an. Was gefällt dir? Was gefällt dir nicht?

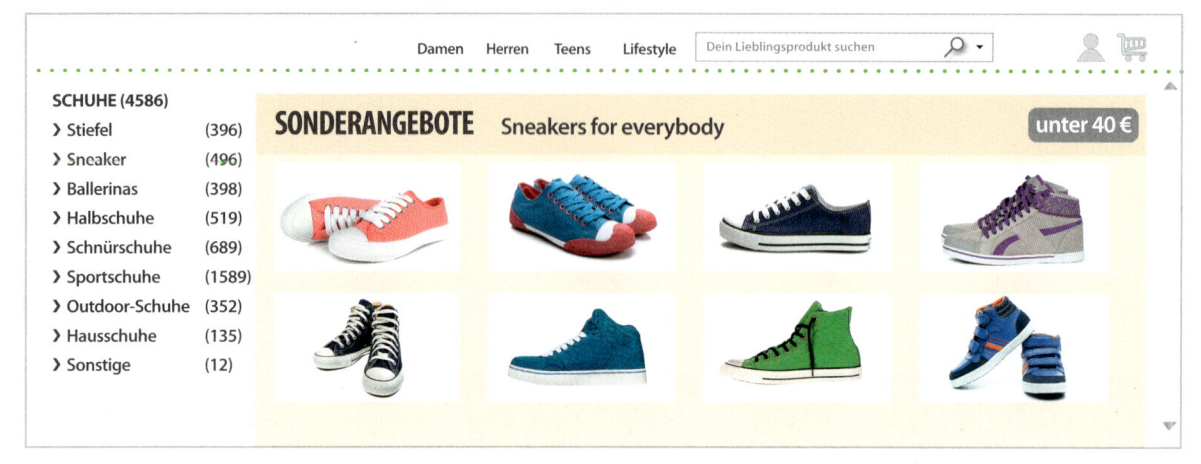

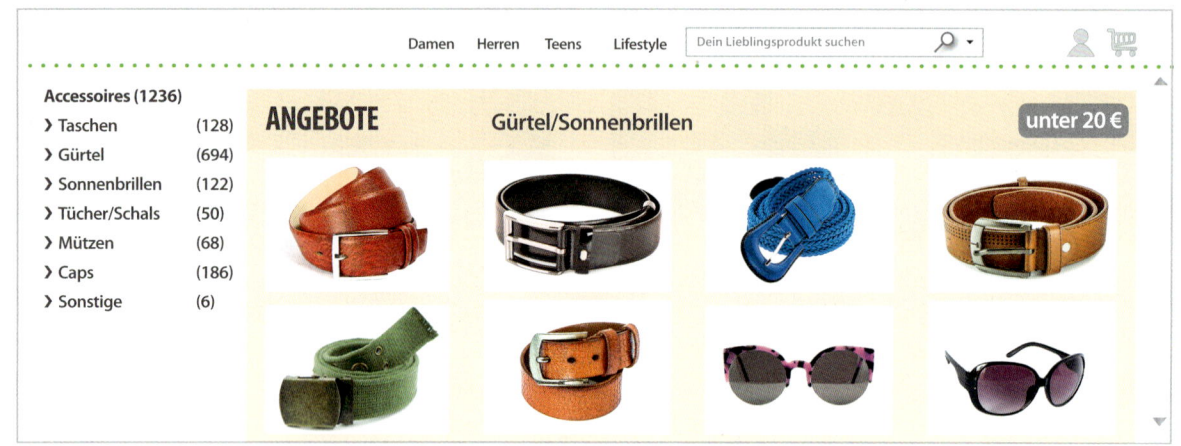

Damen   Herren   Teens   Lifestyle   Dein Lieblingsprodukt suchen

SCHUHE (4586)
- Stiefel (396)
- Sneaker (496)
- Ballerinas (398)
- Halbschuhe (519)
- Schnürschuhe (689)
- Sportschuhe (1589)
- Outdoor-Schuhe (352)
- Hausschuhe (135)
- Sonstige (12)

SONDERANGEBOTE Sneakers for everybody — unter 40 €

Damen   Herren   Teens   Lifestyle   Dein Lieblingsprodukt suchen

Accessoires (1236)
- Taschen (128)
- Gürtel (694)
- Sonnenbrillen (122)
- Tücher/Schals (50)
- Mützen (68)
- Caps (186)
- Sonstige (6)

ANGEBOTE Gürtel/Sonnenbrillen — unter 20 €

c 1.57–1.58 Hör die Dialoge. Was wollen die Mädchen und die Jungen kaufen? Warum?

d 1.59–1.60 Hör zu und ergänze das *Denk nach*.

Denk nach

	der	das	die	die (Plural)
N	der schwarze Gürtel	das rote Hemd	die schwarze Bluse	die weiße… Schuhe
A	den blaue… Gürtel			

e Schreibt Fragen. Fragt und antwortet.

Welcher Gürtel gefällt dir am besten? Der rote oder der braune?

Welchen Gürtel findest du gut? Den roten oder den gelben?

Welcher Gürtel gefällt dir am besten?

Mir gefällt der blaue (Gürtel) am besten. Und dir?

f Ihr habt zu zweit 200 Euro. Was kauft ihr? Schreibt eine Einkaufsliste.

7 Er hat einen tollen Tiger. – Würfelspiel

Spielt zu viert. Wählt ein Adjektiv aus. Ihr dürft jedes Adjektiv nur einmal verwenden.
Würfelt dann zweimal und bildet einen Satz mit dem Adjektiv, dem Verb und dem Nomen.

Die Sätze dürfen verrückt sein, aber die Grammatik muss stimmen!

neu   alt   teuer   billig   blau
schwarz   rot   modern
weiß   cool   langweilig   altmodisch

Ich nehme das altmodische Auto mit.

A
- ⚀ sein (N)
- ⚁ haben (A)
- ⚂ mögen (A)
- ⚃ mitnehmen (A)
- ⚄ kaufen (A)
- ⚅ suchen (A)

B
- ⚀ der Laptop
- ⚁ das Auto
- ⚂ die Sonnenbrille
- ⚃ der Tiger
- ⚄ die Schuhe (Pl.)
- ⚅ das T-Shirt

8 Tipps zu den Adjektivendungen

a Was passt zusammen? Ordne zu und lies vor.

1. Wiederhole die Adjektivendungen
2. Adjektive haben vor einem Nomen immer, aber
3. Für die Adjektivendungen braucht man
4. Adjektivendungen kann man

a) nach dem Nomen nie eine Endung.
b) so oft wie möglich.
c) viel Geduld und Zeit.
d) mit Lernkarten und mit Beispielsätzen lernen.

b Schreib auf Lernkarten kleine Beispieltexte mit den Adjektivendungen und lerne sie auswendig.

Vorderseite
der Typ
Ist das ein cool… Typ?
Nein, das ist kein cool… Typ.
Der cool… Typ ist heute nicht da.

Rückseite
der Typ
Ist das ein cooler Typ?
Nein, das ist kein cooler Typ.
Der coole Typ ist heute nicht da.

6 | Das gefällt mir

9 Einkaufen

a Lies die Sätze 1–3, hör den Einkaufsdialog und entscheide: richtig oder falsch.

1. Die Verkäuferin hilft Sophie und Alina.
2. Alina findet den weißen Mantel gut.
3. Alina gefällt die blaue Bluse.
4. Sophie findet, dass Alina die graue Hose gut passt.
5. Alina kauft den Rock.

b Ordne 1–8 und a–h zu. Hör den Dialog noch einmal zur Kontrolle.

1. ● Guten Tag, kann ich
2. ■ Danke, wir möchten uns
3. ● Alina, komm mal,
4. ■ Der sieht echt
5. ● Und wie findest du
6. ■ Auch nicht schlecht.
7. ● Ich weiß nicht.
8. ■ Ich glaube, der steht mir,

a) die blaue Bluse?
b) Hast du mal den kurzen Rock anprobiert?
c) super aus.
d) wie gefällt dir der weiße Mantel?
e) Wie passt mir die Hose, Sophie?
f) Ihnen helfen?
g) nur umschauen.
h) aber er ist viel zu teuer.

c Spielt Einkaufsdialoge.

Verkäufer/in	Über die Kleidung sprechen
Kann ich dir/Ihnen helfen?	Wie findest du …?
Möchten Sie / Möchtest du … anprobieren?	Wie steht mir …?
	Wie passt mir …?
Kunde/Kundin	
Danke, wir möchten uns nur umschauen.	Ich finde … super / nicht so gut / …
Ja, gerne, ich suche …	Das blaue T-Shirt steht dir gut.
Ich hätte gerne …	Die Jeans passt dir sehr gut.
Haben Sie …?	

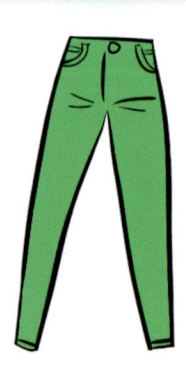

10 Das kaufen Jugendliche in Deutschland

a Schaut die Bilder an. Was ist für euch wichtig? Wofür gebt ihr viel Geld aus?

A B C D
E F G H

b Lies den Text und korrigiere die Aussagen 1–3.
1. Alle Jugendlichen bekommen pro Jahr mindestens 1600 Euro.
2. Sie geben das Geld für teure Markenkleidung aus.
3. Geld sparen finden die Jugendlichen langweilig.

Deutsche Jugendliche können pro Jahr im Durchschnitt ungefähr 1600 Euro ausgeben. Sie bekommen das Geld als Taschengeld, als Bezahlung für Nebenjobs oder als Geschenke
5 zum Geburtstag oder zu Weihnachten. Natürlich gibt es große Unterschiede. Einige haben mehr als 1600 Euro pro Jahr und viele haben sehr viel weniger.

Was machen die Jugendlichen mit dem Geld?
10 Auch das ist sehr unterschiedlich. Das meiste Geld geben Jugendliche für Kleidung, Mode und Schmuck aus. In vielen Schulen ist teure Markenkleidung ein hohes Statussymbol. Ältere Jugendliche brauchen auch Geld für den
15 Führerschein oder, wenn sie schon fahren dürfen, für Benzin. Das ist natürlich teuer. Auch das Handy ist für viele Jugendliche nicht billig. Computer, Videospiele, Musik und Filme sind für die meisten Jugendlichen sehr wichtig.
20 Sie geben aber dafür viel weniger Geld als für Kleidung aus. Jugendliche sparen auch Geld (ungefähr 20 % vom Einkommen monatlich), weil sie es später für größere Projekte haben möchten, z. B. den Führerschein, das Moped
25 oder das Auto.

c Lies den Text noch einmal und dann die Grafik. Was passt wo?
1. Computer/Videospiele
2. Handy
3. Kleidung/Mode/Schmuck

d Wie ist das bei euch? Macht eine Tabelle mit geschätzten Informationen. Vergleicht mit der Tabelle.

Ausgaben von Jugendlichen in Deutschland im Jahr 2012 (in Millionen Euro pro Jahr)

?	5 191
Fahrrad, Mofa, Moped, Auto, Führerschein, Benzin	1 940
?	1 702
Sportartikel	922
Musik, Hörspiele	850
?	470
DVDs, Videos (gekauft oder geliehen)	272

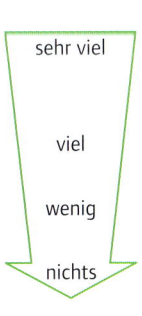

sehr viel → viel → wenig → nichts

Ich gebe nicht so viel Geld für Kleidung aus wie die deutschen Jugendlichen, weil ich Mode nicht so wichtig finde.

Einige in unserer Klasse sparen Geld. Sie möchten später …

6 | Das kannst du

Sagen, was einem gefällt (Mode/Design)

Ich liebe Mode.
Ich liebe Rot.

Schwarze Katzen gefallen mir (nicht).
Die grünen Schuhe von dem Mädchen gefallen mir nicht.

Das ist ein cooler Gürtel.

Sachen und Personen beschreiben

Er ist sehr groß. / nicht so groß.
Sie hat kurze, braune Haare.
Sie trägt einen Ohrring / keine Brille.

Kleidung anprobieren und kaufen

Wie steht mir die Jeans?
Hast du mal den kurzen Rock probiert?
Wie passt mir die Jeans?
Wie steht mir die Hose?

Ich weiß nicht … / Nicht schlecht.
Der sieht klasse aus, aber er ist viel zu teuer.
Die Jeans passt dir sehr gut.
Nicht so gut.

Über eine Statistik sprechen

Im Durchschnitt bekommen deutsche Jugendliche zwischen 30 und 70 Euro Taschengeld im Monat.
Das meiste Geld geben Jugendliche für Kleidung, Mode und Schmuck aus.
Ich gebe nicht so viel Geld für Kleidung aus wie die deutschen Jugendlichen, weil …
In unserer Klasse geben wir mehr Geld für Musik und DVDs aus als deutsche Jugendliche.

Außerdem kannst du …

… eine Grafik zum Thema „Konsum" verstehen.

Grammatik — kurz und bündig

Adjektive vor dem Nomen

Nominativ

Maskulinum	Neutrum	Femininum	Plural
der tolle Rock	das tolle Auto	die tolle Tasche	die tollen Handys
ein toller Rock	ein tolles Auto	eine tolle Tasche	— tolle Handys
kein toller Rock	kein tolles Auto	keine tolle Tasche	keine tollen Handys

Akkusativ

Maskulinum	Neutrum	Femininum	Plural
den tollen Rock	das tolle Auto	die tolle Tasche	die tollen Handys
einen tollen Rock	ein tolles Auto	eine tolle Tasche	— tolle Handys
keinen tollen Rock	kein tolles Auto	keine tolle Tasche	keine tollen Handys

Adjektive vor dem Nomen (attributiv) haben mindestens ein *e*.

Ich mag schnelle Autos. Aber das rote Auto gefällt mir nicht.

- ● Wie gefällt dir der rote Rock?
- ■ Welchen Rock meinst du, den langen (Rock) oder den kurzen (Rock)?
- ● Den kurzen (Rock).

Adjektive nach dem Nomen (prädikativ) haben keine Endung.

Der Rock ist schick.
Das Fahrrad ist altmodisch.
Den Gürtel finde ich toll.

Mehr über mich

7

Das lernst du
- Vermutungen äußern
- Personen vorstellen
- Das Datum sagen
- Über die Schulzeit sprechen

Clara

Ben

Anna

Yassim

4.,5.,6.,7. Klasse, 1 in Deutsch und leider 5 in Mathe, 8., 9. Klasse sind ok, weil ich in Mathe jetzt 2- steh!

Wählt eine Person aus, beschreibt sie und notiert Vermutungen über sie.
Alter – Klasse – Freizeit (in der Woche / am Wochenende) – Schule – Interessen – Hobbys

Stellt eure Person vor.

Ich denke, dass …

Ich vermute, dass …

einundsechzig

7 | Mehr über mich

1 Interview mit Ben, Clara, Yassim und Anna

a Hör zu und lies die Aussagen 1–8 mit den richtigen Informationen vor.

1. Clara und Ben gehen in die achte/neunte/zehnte Klasse.
2. Ben ist seit der fünften/sechsten/siebten Klasse in München. Vorher war er in Augsburg/Aachen.
3. Yassims Eltern kommen aus der Türkei / dem Sudan / den USA.
4. Er hat zum ersten/zweiten/dritten Mal auf der Hochzeit von seinem Bruder gesungen.
5. Yassim und Anna gehen in die neunte/zehnte/elfte Klasse.
6. Anna spielt seit der vierten/fünften/sechsten Klasse Gitarre.
7. Der nächste Auftritt ist am sechsten/siebten/achten September in der Stadthalle.
8. Das ist ein Jubiläum. Die Gruppe spielt zum zehnten/zwanzigsten/hundertsten Mal vor Publikum.

b Was hast du vermutet, was hast du gehört? Vergleiche.

> *Ich habe gedacht, dass Ben schon 18 Jahre alt ist, aber er geht erst in die zehnte Klasse.*

> *Meine Vermutung war richtig, denn Yassim sagt, dass …*

c Ergänze das *Denk nach*.

Denk nach

1. der/das/die ers**te**	7. sieb**te**	20. zwanzig**ste**
2. zwei**te**	8. ach**te**	21. einundzwanzig**ste**
3. dri**tte**	…	100. der/das/die hundert**ste**
4. vier…		
5. fünf…	19. neunzehn**te**	Heute ist der … …

Ordinalzahlen sind einfach. Bis 19 ist die Endung …, ab 20 …;
Ordinalzahlen stehen meistens mit dem bestimmten Artikel. Man dekliniert sie wie Adjektive.

2 Welches Datum …?

a Phonetik – Hör zu und achte auf die Konsonanten.

fünfte
elfte
zwölfte
zwanzigste

> *Man spricht alle Konsonanten.*

b Hör zu und sprich nach. Sprich langsam und deutlich.

fünf – die fünfte Stunde
elf – das elfte Mal
zwölf – die zwölfte Klasse
zwanzig – der zwanzigste Dritte (= der 20. März)

c Fragt euch gegenseitig nach dem Datum.

… vor drei Tagen – vorgestern – gestern – heute – morgen – übermorgen – in drei Tagen …

> *Welches Datum ist heute?*

> *Heute ist der … Und vor einer Woche?*

> *Vor einer Woche war der … Und in zwei Wochen?*

> *In zwei Wochen ist der … Und in …*

3 Wichtige Tage – Wann ist ... geboren?

a Ordne den Fotos die Informationen 1–6 und die Geburtsdaten zu.

A Albert Einstein
B Wolfgang Amadeus Mozart 
C Johann Wolfgang Goethe 
D Lise Meitner 
E Rita 
F Angela Merkel 

1. Zukünftige Präsidentin
2. Komponist, musikalisches Wunderkind
3. Politikerin, erste Bundeskanzlerin Deutschlands
4. Dichter und Schriftsteller
5. Atomphysikerin
6. Physiker, Nobelpreisträger

a) 17. 7. 1954 in Hamburg
b) 27. 1. 1756 in Salzburg
c) 14. 3. 1879 in Ulm
d) 28. 8. 1749 in Frankfurt am Main
e) 7. 11. 1878 in Wien
f) 1. 1. 2014 in Traumstadt

b Lies das *Denk nach* und schreib deinen Geburtstag.

Denk nach

Datum
Das Baby ist am 1. 1. 2014 geboren (am erste**n** Erste**n** zweitausendvierzehn).
Seine Mutter ist am 5. 5. 1986 geboren (am fünften Fünften neunzehnhundertsechsundachtzig).
Ich bin ...

c Stell die Personen aus 3a in einem kleinen Text vor.

Projekt

Berühmte Leute – Schreibt kurze Biografien und stellt das Leben einer zurzeit berühmten Person vor. Die anderen raten.

*Die Lösung findest du auf Seite 68 unten.

Die Person ist am 28.3.1986 in New York geboren und kann fantastisch singen. Eigentlich heißt die Person Stefani Joanne Angelina Germanotta, aber jetzt hat sie einen Künstlernamen. Sie ist ein Multitalent. Sie ist Sängerin und hat eigene Songs geschrieben. Sie ist auch Modedesignerin, Schauspielerin und Geschäftsfrau. Wer ist es?*

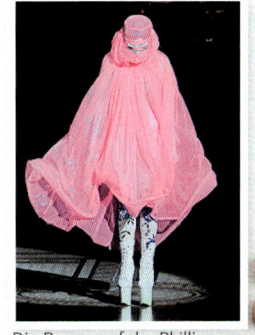

Die Person auf der Phillip Treacy London Fashion Show, 16.09.2012.

7 | Mehr über mich

4 Von klein bis groß

a Hör zu und bring die Fotos in die richtige Reihenfolge.

Von klein bis groß
Text und Musik: von Samuel Reißen

Von klein bis groß, von jung bis alt,
vom Anfang zum Ende ...

Im Kindergarten, Kindergarten,
alle Kinder warten, Kinder warten,
wann fängt die Schule denn an?

...

Dann 1. Klasse, 2. Klasse,
3. Klasse, voll gepackte Tasche,

...

ich darf das jetzt, ich weiß es!

4., 5., 6., 7. Klasse,
1 in Deutsch und leider 5 in Mathe,
8., 9. Klasse sind ok,

...

Ich lerne schnell, ich lerne viel,
weil ich es muss, weil ich es will,
10., 11., 12. Klasse – Vollgas!

...

Und dann geht's raus ins Leben,
endlich Zeit ...!

b Hör noch einmal und ergänze den Text.

1. Ich lerne viel und fleißig,
2. weil ich in Mathe jetzt 2- steh!
3. ist es eine lange Zeit!
4. Prüfung, Zeugnis, das war's!
5. für meine eigenen Ideen
6. Ich bin schon bereit, ich kann es!

c Sprechen üben – Hör zu und sprich mit.

> Von klein bis groß,
> von jung bis alt,

> vom Anfang zum Ende
> ist es eine lange Zeit!

> ...

5 Wichtige Stationen im (Schul-)Leben

a Macht ein Assoziogramm an der Tafel.

Theater spielen
die Note, -n
der Freund, -e
stressig
SCHULZEIT
die Grundschule
die Freundin, -nen

b Lies das *Denk nach* und ergänze die Regel.

c Schreib über deine Schulzeit.

Denk nach

Adjektivendung im Dativ

der Tag	am erst**en** Tag
das Jahr	im letzt**en** Jahr
die Freundin	mit der best**en** Freundin
Plural:	in den erst**en** Jahren

Der Dativ ist einfach: immer …

Projekt

1.67 Hört die Musik und sprecht mit.
Schreibt dann einen Liedtext.

6 Wichtige Tage im Jahr

1.68–1.71 **a** Hör zu. Was ist der wichtigste Tag für Ben, Yassim, Clara und Anna? Warum?

Ben: 7.9., Konzert in der Stadthalle
Yassim:
Clara:
Anna:

b Notiere wichtige Tage für dich im Jahr. Frag dann in der Klasse.

> Was ist der wichtigste Tag für dich in diesem Jahr?

Der wichtigste Tag im Jahr ist für mich der … Da ist unser Neujahrsfest.
Der wichtigste Tag im Jahr für Marianne ist der 31. Oktober. Da hat sie Geburtstag.
Der wichtigste Tag in diesem Jahr ist für mich der … Da ist die Aufnahmeprüfung.
Der wichtigste Tag im letzten Jahr war … Da hat meine Schwester geheiratet.

7 | Mehr über mich

7 Emma ist weg! – Eine Geschichte

a Vor dem Lesen: Im Text findest du diese Verben in der Vergangenheit (Präteritum). Welche Infinitive passen dazu? Was ist im Präteritum anders?

Vergangenheit: Präteritum	Infinitiv
war – ging – machte – bellte – kam – sagte – heulte – stellte – gab – wurde – wollte – suchte	stellen – suchen – werden – geben – bellen – kommen – sagen – machen – heulen – sein – gehen – wollen

b Seht die Bilder an. Was denkt ihr: wer, wo, was?

c Lies die Geschichte. Zu welchen Textstellen passen die Bilder? Notiere die Zeilen.

Emma ist weg

1.72 Ich heiße Florian Gerber und bin 16 Jahre alt. Meine Mutter, meine kleine Schwester und ich wohnen in einer Dreizimmerwohnung im vierten Stock von einem Wohnhaus in Bochum. Meine Mutter arbeitet in einer Bank. Jeden Morgen bringt sie
5 meine Schwester Emma in den Kindergarten. Ich muss Emma abholen, wenn ich von der Schule nach Hause komme.
So war es auch am 23. Mai im letzten Jahr. Diesen Tag vergesse ich nie mehr. Ich hatte eine Stunde später Schule. Meine Mutter und Emma waren schon weg, als ich aufgestanden bin. Ich
10 hatte einen langweiligen Schultag und habe nur darauf gewartet, dass ich wieder nach Hause komme, den Computer anmache und mich mit Silke im Chat treffe.
Aber ich musste noch Emma abholen. Und Emma war an diesem Tag wieder ganz besonders langsam. Als ich zum Kinder-
15 garten kam, war sie noch nicht fertig. Dann musste sie jede Blume am Weg genau ansehen und mit jeder Katze sprechen. Ich wurde immer nervöser.
„Jetzt mach schon!", sagte ich, aber dann ging sie noch langsamer. Vom Kindergarten zu unserer Wohnung braucht ein nor-
20 maler Mensch zehn Minuten. Mit Emma braucht man eine halbe Stunde. Am Ende habe ich sie angebrüllt: „Jetzt beeil dich, du blöde Kuh, oder ich lasse dich einfach hier stehen!" Da heulte sie: „Ich sag der Mama, dass du so böse zu mir bist."
Doofe Ziege!
1.73 25 Endlich waren wir zu Hause. Ich machte unser Essen in der Mikrowelle warm und gab Lobo frisches Wasser – Lobo ist unser Hund, ein Border-Collie. Und dann habe ich den Computer angemacht. Silke war schon im Chat. Silke ist so süß. Man kann so gut mit ihr chatten. Leider wohnt sie 100 km weg von mir.
30 Zwei Stunden später merkte ich, dass es sehr ruhig war in der Wohnung. Sehr, sehr ruhig! Ich rief: „Emma!", aber sie antwortete nicht. Ich suchte sie in ihrem Zimmer – niemand da. Ich suchte in der Küche, niemand da und ihr Essen war noch in der Mikrowelle. Mist! Ich suchte überall in der Wohnung, im Schrank, unter dem Bett, im Bad und noch mal im Schrank und auf dem Schrank
35 und noch mal unter allen Betten – nichts, niemand!

66 sechsundsechzig

In einer Stunde, um fünf, wollte meine Mutter zurück sein. Panik! Ich rannte aus dem Haus, suchte die Straße rauf und runter. Ich fragte beim Zeitungskiosk, ich fragte Passanten auf der Straße: „Haben Sie ein kleines, blondes Mädchen mit ei-
40 nem grünen Rock gesehen?" Niemand hatte sie gesehen. Ich suchte sie auf dem Spielplatz. Nichts. Noch 30 Minuten, bis Mama zurückkam. Panik!!! Ich rannte zurück zum Haus. Auf der Straße kam mir Lobo entgegen und bellte. Er sprang an mir hoch. Ich klingelte bei allen Nachbarn im ersten Stock, im
45 zweiten und im dritten. Nichts!

1.74 Noch 15 Minuten, bis Mama nach Hause kam. Lobo bellte immer lauter. Er stand an der Kellertür, jaulte und kratzte an der Tür. Ich ging zu ihm. Jemand weinte hinter der Tür. „Emma, bist du da?" Keine Antwort, nur ein leises Weinen. Ich rannte hoch, holte den Kellerschlüssel, rannte wieder runter und machte die Tür auf und da saß Emma ganz schmutzig und
50 klein hinter der Tür. Ich war so froh! Ich habe sie umarmt und geküsst.

Sie wollte mich ärgern und hat sich im Keller versteckt, aber dann hat jemand die Kellertür abgeschlossen.

Noch zehn Minuten, bis Mama zurückkam. Wir rannten in den vierten Stock. Ich half Emma beim Umziehen, versteckte die schmutzigen Kleider und den Teller vom Mittagessen unter meinem Bett.
55 Und schon kam Mama.

1.75 „Hallo, Kinder, ich bin wieder da." „Hallo, Mama." „Na, wie war euer Tag?" „Alles prima." „Habt ihr zu Mittag gegessen?" „Ja klar." „Soll ich uns jetzt Abendessen machen oder später?" „Lieber jetzt, wir haben so Hunger!!!"

Ich liebe meine Schwester und sie liebt mich auch! Und wir beide lieben Lobo.

8 Ideen zur Arbeit mit der Geschichte

a Neue Wörter ohne Wörterbuch verstehen – 5 Schritte.

> 1. Welche Wörter aus dem Text verstehst du nicht? Notiere fünf 5 neue Wörter, die wahrscheinlich wichtig sind.
>
> 2. Finde jemanden in der Klasse, der/die auch eins von diesen Wörtern notiert hat.
>
> 3. Diskutiert und formuliert Vermutungen. Was bedeuten die Wörter vielleicht?
>   – Hilft der Kontext (der Text um das Wort herum)?
>   Beispiel: *Lobo bellte / Lobo bellte immer lauter – bellen = ???*
>   – Helfen deine Muttersprache oder andere Sprachen (z. B. Englisch)?
>   Beispiel Englisch: *kindergarten, chat, computer, microwave, supermarket, kitchen, panic, cellar …*
>
> 4. Vergleicht in der Klasse. Wer hat die meisten neuen Wörter ohne Wörterbuch verstanden?

b Drei Ideen zur Arbeit mit der Geschichte – Wählt zu dritt eine Idee aus und bearbeitet sie.

1. Idee: Fragen stellen – Schreibt Fragen zur Geschichte und fragt in der Klasse.

2. Idee: Ein anderes Ende – Schreibt die Geschichte ab Zeile 46 neu. Vergleicht in der Klasse.

3. Idee: Szenen spielen – Schreibt Dialoge zu der Geschichte und spielt sie.
   Szene A: Emma und Florian auf dem Weg vom Kindergarten nach Hause
   Szene B: Florian sucht Emma und fragt andere Leute
   Szene C: Mutter, Emma und Florian

7 | Das kannst du

Vermutungen äußern
Ich glaube, er kommt aus Deutschland.
Er kann wahrscheinlich gut Gitarre spielen.
Wir glauben nicht, dass er gerne zur Schule geht.

Personen vorstellen
Sie ist 30 Jahre alt und kommt aus Hamburg. Sie sieht sehr gut aus.
Sie liebt Mode. Sie ist Schauspielerin von Beruf und schreibt auch eigene Texte.

Er ist 1756 in Salzburg geboren. Er war Musiker und Komponist.
Er hat in Wien gelebt, aber er ist auch viele gereist.

Das Datum sagen
- Welches Datum ist heute?
- Heute ist der 27. 3. 2016. (Heute ist der siebenundzwanzigste Dritte/März zweitausendsechzehn).
- Wann ist Einstein geboren?
- Am 14. 3. 1879. (Am vierzehnten Dritten/März achtzehnhundertneunundsiebzig)

Über die Schulzeit sprechen
In der ersten Klasse hatten wir eine nette Lehrerin. Sie hat uns immer geholfen.
Nach der vierten Klasse bin ich zum Gymnasium gegangen.
Meine Freundin ist zur Gesamtschule gegangen. Das war schade.
Aber ich habe auch neue Freundinnen gefunden.

Außerdem kannst du …
… eine Geschichte verstehen
… das Präteritum einiger Verben verstehen.

Grammatik **kurz und bündig**

Die Ordinalzahlen

1. der/das/die/**erste**   20. zwanzig**ste**
2. zwei**te**   21. einundzwanzig**ste**
3. **dritte**
4. vier**te**   100. hundert**ste**
5. fünf**te**
7. **siebte**
8. **achte**
19. neunzehn**te**

Ordinalzahlen sind einfach.
Bis 19 immer –te, ab 20 –ste.
Man dekliniert sie wie die Adjektive.

Bald ist der erste Erste 2020.

Adjektive und Ordinalzahlen im Dativ

der Tag   am erst**en** Tag
das Jahr   im letzt**en** Jahr
die Klasse   in der dritt**en** Klasse

Plural: in den erst**en** Jahren

Super! Der Dativ ist kein Problem: immer –(e)n!

* Lady Gaga

GROSSE PAUSE | P2

Spielen und wiederholen
Alles über mich!

Start

1. Kleidung
2. Mein Zimmer
3. Geburtstagsparty
4. Lieblingsessen Lieblingsgetränk
5. Freundschaft
6. Die letzten Ferien
7. Deutschland?
8. Lieblingstier
9. Meine Klasse
10. Ärger Freude
11. Schulweg
12. Familie
13. Die Schweiz
14. Lieblingsfächer
15. Hobbys
16. Aussehen
17. Technik und Medien
18. Wetter
19. Berufswünsche
20. Taschengeld
21. Österreich?
22. Wichtige Tage
23. Mein Schultag
24. Deine Pläne

Ziel

In 10 Jahren …

Spielt zu zweit.

Ihr braucht einen Würfel und zwei Spielsteine oder Münzen.

Wenn ihr auf ein Thema kommt, müsst ihr 3 Sätze zum Thema sagen oder 20 Sekunden sprechen.

Richtig? Ihr bleibt auf dem Feld.
Falsch? Ihr müsst zurück.

Der andere ist dran.

Ihr könnte das Spiel mehrmals spielen.

Ich ärgere mich, wenn …

Ich freue mich, wenn …

Ich fahre mit dem/der … zur Schule. Ich brauche … Minuten. …

Ich bin 1,68 groß. Ich habe kurze Haare. Ich habe grüne Augen und trage eine Brille.

neunundsechzig

P2 | GROSSE PAUSE

ABC-Wortschatzspiel

Spielt in Gruppen.
Der Lehrer / Die Lehrerin sagt still das ABC.
Eine Schülerin / Ein Schüler sagt „Stopp!".
Alle Gruppen suchen Wörter mit diesem Buchstaben.
Ihr habt eine Minute Zeit.
Wichtig: Jede Gruppe hat eine/n Schreiber/in.

Nach einer Minute liest jede Gruppe ihre Wörter vor.
Welche Gruppe hat die meisten Wörter?

Dienstag

Wörter und Sätze

Sucht aus den Wörtern im ABC-Spiel alle Wörter zu den Themen „Freizeit", „Ferien" oder „Geburtstag" heraus.
Schreibt Sätze zu den drei Themen.

Ich habe viele Geschenke bekommen.
Ich fahre gern Skateboard.
Ich bin im Mai geboren.

Mündliche Prüfung: Fit A2, Teil 2 – Über das eigene Leben erzählen

Arbeitet zu zweit. Eine/r macht die Prüfungsaufgabe und erzählt, der/die andere stoppt die Zeit.
Schafft ihr 3 Minuten? Sonst probiert es noch einmal.

Aufgabenblatt A
Wir möchten dich und dein Leben näher kennenlernen.

Was machst du gerne in den Ferien? Erzähl doch mal.

Reisen?
Verwandte besuchen?
mit Freunden, Eltern, Geschwistern, …?
…?

Aufgabenblatt B
Wir möchten dich und dein Leben näher kennenlernen.

Wie feierst du deinen Geburtstag oder ein anderes Fest? Erzähl doch mal.

in der Schule …?
Aktivitäten?
mit der Familie …?
…?

Diskutiert in der Klasse: Wie kann man drei Minuten lang etwas erzählen?
Ergänzt den Lerntipp und gebt euch gegenseitig Tipps.

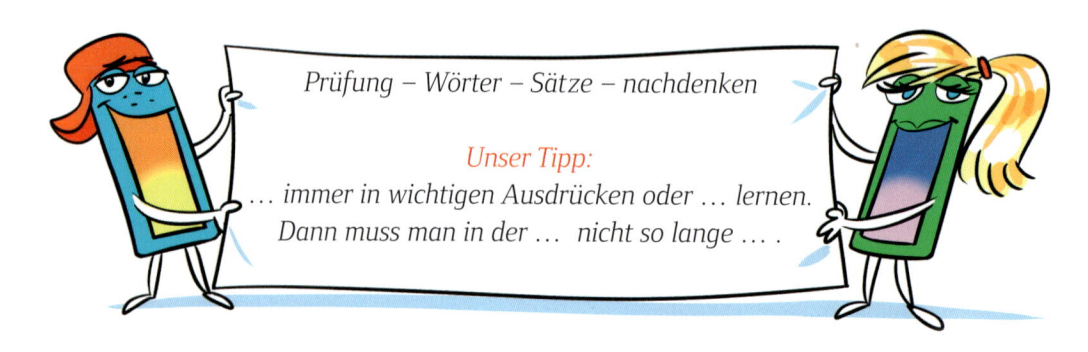

Prüfung – Wörter – Sätze – nachdenken

Unser Tipp:
… immer in wichtigen Ausdrücken oder … lernen.
Dann muss man in der … nicht so lange … .

GROSSE PAUSE | P2

Literatur
Drei Geschichten aus *Der König und das Meer* von Heinz Janisch

Der König und die Katze
„Was machst du?", fragte der König die Katze.
„Ich lasse mir von der Sonne das Fell wärmen",
sagte die Katze und streckte sich auf der Wiese aus.
„Dann ist die Sonne heute das Größte für dich?"
„Heute schon", sagte die Katze. „Heute ist die Sonne mein König!"

Der König dachte kurz nach. Dann zog er sein Hemd
aus und legte sich neben die Katze auf die Wiese und
ließ sich die Sonne auf die Haut scheinen.

Der König und das Eichhörnchen
„Ich kann einen Handstand", sagte der König.
„Und einen Kopfstand!"
Das Eichhörnchen sah zu, wie der König einen Handstand
und einen Kopfstand machte.
„Ich kann auf einem Bein stehen", rief der König.
„Und ich kann mit geschlossenen Augen rückwärts gehen!"
Der König zeigte es vor.
Das Eichhörnchen sagte kein Wort.
Dann war es mit zwei, drei Sprüngen auf dem höchsten
Baum und verschwand zwischen den Ästen und Zweigen.
Der König sah ihm lange nach.
„Ich kann schnell laufen", rief er und bewegte sich nicht
vom Fleck.

Der König und der Schatten
„Warum folgst du mir?", fragte der König seinen Schatten.
„Damit du auf keine dummen Ideen kommst", sagte der
Schatten. „Und damit du nicht vergisst, dass alles
zwei Seiten hat."
„Wie könnte ich das vergessen", sagte der König und
wunderte sich über den großen Schatten, den seine kleine
Krone in der Sonne machte.

Aus: © Heinz Janisch/Wolf Erlbruch „Der König und das Meer".
21 Kürzestgeschichten © Sanssouci im Carl Hanser Verlag, München

---

Was ihr mit dem Text tun könnt:

1.76–1.78
1. Lesen, hören und verstehen. Den neuen Wortschatz selbst erarbeiten.
2. Mit verteilen Rollen lesen.
3. Eigene Geschichten vom König schreiben.

V2 | VIDEO – Mein Tag – meine Medien

Mein Tag – meine Medien

1 Vor dem Sehen

Beschreibt die Szene: Wer, wo, wie, was, wann?
– Was war davor?
– Was passiert danach?

2 Beim Sehen

Seht den Videoclip und macht Notizen.
Was macht Jan und wie reagieren die anderen Personen:

Was macht Jan vor dem Treffen mit Kiki? – Wie reagiert Kiki?
Was macht Jan am Morgen? – Wie reagiert seine Mutter?
Was macht Jan auf dem Weg zum Unterricht? – Wie regiert die Polizei?
Was macht Jan im Unterricht? – Wie reagiert die Lehrerin?
Was macht Jan bei Basketballspielen?
Was macht Jan zu Hause – Wie reagiert die Mutter?
Was macht die Mutter am Abend? – Wie reagiert Jan? – Und wie findet die Mutter das?

3 Nach dem Sehen

Vorwürfe machen und reagieren

Wählt eine Sprechblase aus und erfindet dazu eine neue Szene.

- *Na endlich. Sag mal, kannst du nicht einmal pünktlich sein? Immer muss man auf dich warten.*
- *Das muss doch jetzt nicht sein. Können wir nicht in Ruhe zusammen frühstücken?*
- *Nein, jetzt!*
- *Jan, mach sofort das Ding aus.*
- *Mach doch mal das Ding aus. Ist doch furchtbar!*

VIDEO – Was hörst du? | V2

📹 Was hörst du?

1 Vor dem Sehen

Schaut das Bild an. Arbeitet in Gruppen und überlegt, was in dieser Szene passiert.
– Was machen Kiki und Jan?
– Was sieht man und was hört man?

2 Beim Sehen

Seht den Videoclip mindestens zweimal und macht Notizen.

Teil 1 – Jan erzählt von seinem Cousin Timo.
– Was ist mit Timo?
– Wo ist er jetzt?
– Warum ist er dort?
– Was ist für ihn dort besser als zu Hause?

Teil 2 – Der Versuch
– Wie fühlt sich Kiki?
– Wie ändert sich die Welt um sie herum?
– Was passiert am Schluss vom Versuch?

3 Nach dem Sehen

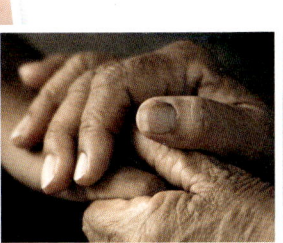

Man sagt, dass die Menschen 5 Sinne haben: Hören, Sehen, Riechen, Schmecken, Fühlen.
Alle sind wichtig. Warum? Bildet 5 Gruppen und sammelt Argumente.

dreiundsiebzig 73

V2 | Video – Wie gefällt dir die Hose?

Wie gefällt dir die Hose?

1 Vor dem Sehen

Seht das Foto an.
Jan und Kiki sind auf einem „Flohmarkt" in Berlin. In den deutschsprachigen Ländern gibt es viele Flohmärkte.

Überlegt: Was kann man auf einem Flohmarkt kaufen?
Was ist das Besondere an einem Flohmarkt?

2 Beim Sehen

Lest die Äußerungen von Kiki und Jan und überlegt: Wer sagt was?
Seht dann den Videoclip mindestens zweimal.

Was kostet das?	Findest du? Ich mag enge T-Shirts.
Wie findest du die rosa Bluse?	Guck mal hier. Die finde ich ganz schön.
Gefällt sie dir nicht?	Guck mal, gar nicht teuer, vier Euro.
Nein, der Strickpulli ist schöner, oder?	Ich kann wechseln.
Hast du es vielleicht auch kleiner?	Ich möchte das Pferd haben.
Das ist aber ein verrücktes Muster, oder?	Ich möchte die gelbe Hose haben.
Das T-Shirt hätte ich gern.	Ja, das blaue gefällt mir.
Ein bisschen zu eng, oder?	Mir gefällt der grüne Pullover.
Es geht so, oder?	Nein, leider nicht.
Oder meinst du, es ist ist besser, wenn ich ein langes T-Shirt zu Jeans anziehe?	Nein, sieht klasse aus, wirklich.
	Sehr schön.

3 Nach dem Sehen

Schreibt und spielt eigene Flohmarkt-Dialoge zu diesen Fotos. Verwendet je mindestens drei Äußerungen aus der Liste. Wer spricht mit wem? Das entscheidet ihr.

Fitness und Sport

Das lernst du

– Über die eigenen Sportaktivitäten sprechen
– Entschuldigungen und Ausreden formulieren
– Über Sportler sprechen
– Über Unfälle sprechen

Ich mache seit drei Jahren Judo. Seit ich Judo mache, habe ich mehr Selbstbewusstsein.

Sammelt Sportarten in der Klasse. Das Wörterbuch hilft.

Hör zu. Welche Fotos passen? 2.2–2.5

Welche Sportarten macht ihr? Welche möchtet ihr gerne ausprobieren? Erzählt.

fünfundsiebzig 75

8 | Fitness und Sport

1 Sportarten: Wortschatz systematisch lernen

a Welches Verb passt zu welcher Sportart?
A nennt eine Sportart und B nennt das Verb.

Hockey?

Turnen?

Man braucht einen Ball. Also: spielen. Er spielt Hockey.

Das ist auch ein Verb: Ich turne gern.

Man braucht einen Ball. → spielen
Man braucht ein „Fahrzeug". → fahren
Die Sportart ist ein Verb. → das Verb
Die Sportart ist ein Nomen. → machen

b Arbeitet in Gruppen. Sammelt ein Wortfeld zu einer Sportart.

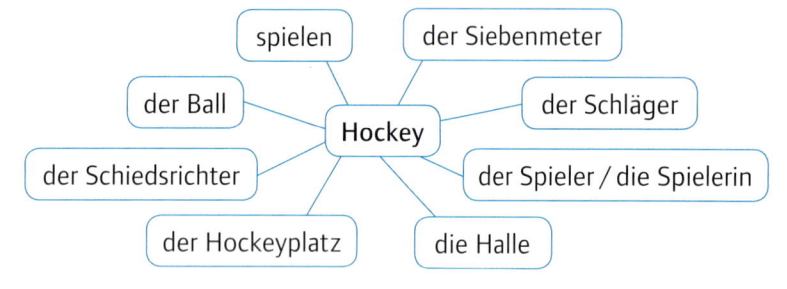

Hockey: spielen, der Siebenmeter, der Ball, der Schläger, der Schiedsrichter, der Spieler / die Spielerin, der Hockeyplatz, die Halle

TIPP
Wörter kann man sich in Wortfeldern besser merken.

c Sportarten raten – Arbeitet in Gruppen. Beschreibt eine Sportart Satz für Satz, aber nennt den Namen nicht. Nach wie vielen Sätzen erraten die anderen die Sportart?

Unseren Sport kann man draußen oder drinnen machen.

Man braucht ein Gerät und ein kleines Ding.

Profis verdienen in diesem Sport sehr viel Geld.

Man spielt zu zweit oder zu viert.

draußen – drinnen
in der Halle – auf dem Sportplatz
im Winter – im Sommer – das ganze Jahr
mit Gerät – ohne Gerät
mit Ball – ohne Ball
in der Mannschaft – zu zweit / allein
viel Geld – wenig Geld

2 Interviews zum Thema „Sport"

a Ordnet die Fragen zu zweit. Fragt euch gegenseitig und macht Notizen.

1. Bist du ein
2. Welchen Sport
3. Gehst du manchmal
4. Machst du Sport lieber
5. Welchen Sport siehst du
6. Machst du
7. Welchen Sport machst du

a) in einer Mannschaft oder allein?
b) in der Schule am liebsten?
c) joggen?
d) am liebsten im Fernsehen?
e) in deiner Freizeit Sport?
f) magst du nicht?
g) Sportfanatiker, Sportmuffel oder Sofasportler?

b Präsentiert die Ergebnisse.

Gregor ist kein Sportfanatiker, aber auch kein Sportmuffel. Er fährt manchmal ...

Sportfanatiker, Sportmuffel und Sofasportler

76 sechsundsiebzig

3 Die Bundesjugendspiele: schnell – schneller – am schnellsten

a Lies den Text. Gibt es eine ähnliche Sportveranstaltung bei euch?

Jedes Jahr finden in Deutschland an allen Schulen Bundesjugendspiele statt. Oft kurz vor den Sommerferien.
Die meisten Schulen machen Leichtathletik auf dem Sportplatz (Laufen, Weitsprung, Werfen …). Manche Schulen machen auch Turnen und Schwimmen.
Alle Schüler bekommen am Ende eine Urkunde. Es gibt drei Arten von Urkunden: Die „Teilnehmerurkunde" bekommt jeder. Für die „Siegerurkunde" muss man eine bestimmte Punktzahl erreichen und die „Ehrenurkunde" ist für die sehr guten Sportler und Sportlerinnen.

Siegerurkunde
für die erfolgreiche Teilnahme
- Leichtathletik
- Turnen
- Schwimmen

mit 805 Punkten
erhält
Frauke Petersen
diese Urkunde
TR Raimund Kemper
Unterschrift

b 2.6–2.9 Hör zu. Wie finden Frauke, Lennart, Malte und Anke-Sophie die Bundesjugendspiele?

c Hör noch einmal. Welche Sätze 1–8 sind richtig? Korrigiere die falschen Sätze.

1. Frauke springt weiter als Lennart.
2. Frauke läuft von den Mädchen am langsamsten.
3. Lennart wirft am weitesten in der Klasse.
4. Lennart schwimmt schneller als Anke-Sophie.
5. Malte spielt am liebsten Tennis.
6. Malte wirft nicht so weit wie Frauke.
7. Anke-Sophie läuft am schnellsten.
8. Anke-Sophie tanzt besser als Lennart.

Denk nach

	Komparativ	Superlativ
schnell	schneller	am schnellsten
weit	weiter	am weitesten
lang	länger	am längsten
groß	größer	am größten
hoch	höher	am höchsten
gern	lieber	am liebsten
viel	mehr	am meisten
gut	besser	am besten

4 Viele Talente in einer Klasse

a Lies das *Denk nach* in 3c. Bilde die Komparative und Superlative von den Adjektiven.

weit werfen/springen
hoch springen
lang tauchen
schnell laufen

schnell rechnen/sprechen
laut sprechen
schön zeichnen/malen
viel tragen

gut Gitarre spielen
gut singen/kochen
gut Geschichten erzählen
gut auswendig lernen

weit springen — *weiter springen* — *am weitesten springen*

b Schreibt in Gruppen Sätze über die Talente in eurer Klasse. Welche Gruppe findet die meisten Talente?
Wer singt am besten? Wer spricht am schnellsten? Wer kann am besten kochen?

8 | Fitness und Sport

5 Wo bleibst du denn?

a Hört den Dialoganfang. Überlegt: Was ist hier los? Sprecht in der Klasse.

Ich glaube, dass …

Vielleicht …

Wieso?

Felix – na endlich! Wo bist du denn?

b Hört den ganzen Dialog. Waren eure Vermutungen richtig?

c Ordnet den Dialog und schreibt ihn weiter. Spielt dann eure Dialoge vor.

● Wieso?

● Hi, Jana! Was gibt's?

● Ups! Auweia! Entschuldige! Das habe ich total vergessen. Wir hatten heute länger Judotraining. Sorry!

■ Wir hatten heute eine Verabredung. Ich warte schon eine halbe Stunde.

■ Felix – na endlich! Wo bist du denn?

6 Sprechen üben: Vorwürfe und Entschuldigungen

a Hör zu und sprich nach.

● Warum hast du meinen Hamburger gegessen?
■ Ups, war das dein Hamburger? Tut mir leid.

● Warum hast du meinen Hamburger gegessen?
■ Das war ich nicht. Das war mein Hund.

b Ausreden und Entschuldigungen – Ordne 1–4 und a–d zu.

1. Meine Uhr
2. Mein Bus hatte
3. Ich konnte
4. Ich habe gedacht,

a) 15 Minuten Verspätung.
b) geht nicht richtig.
c) dass heute Mittwoch ist.
d) meinen Schlüssel nicht finden.

c Ein Spiel – Jeder schreibt zwei Zettel. Zettel 1: einen Vorwurf oder ein Problem. Zettel 2: eine Ausrede oder eine Entschuldigung.
– Sammelt die Zettel ein und mischt sie.
– Jeder bekommt einen Vorwurfszettel und einen Ausredezettel.
– A liest seinen Vorwurfszettel vor. Wer hat die passende Ausrede/Entschuldigung?
  Es kann sein, dass es mehrere Antworten gibt.

7 Der Sportunfall

a Ein Arm in Gips. Hör das Interview mit Mario. Wo ist der Unfall passiert?
1. Beim Fußballspielen.
2. Beim Basketballspielen.
3. Beim Joggen.

b Hör den zweiten Teil des Interviews.
Sind die Aussagen richtig (R) oder falsch (F)?
1. Marios Lieblingssportarten sind Judo und Karate.
2. Im Fernsehen sieht er gern Fußballspiele und Basketballspiele.
3. Mario musste einen Monat in der Klinik bleiben.
4. Jetzt hat Mario keine Schmerzen mehr.

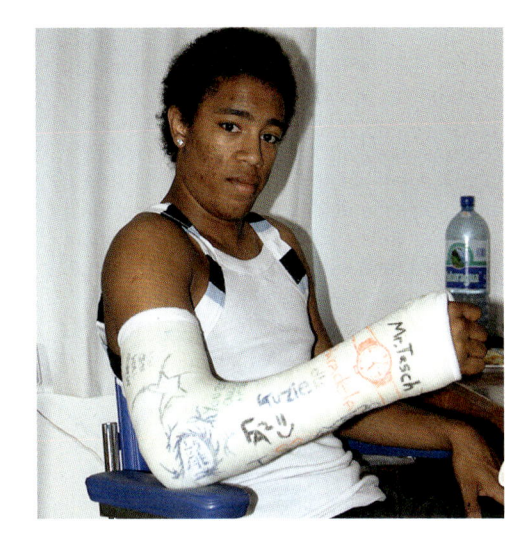

c Kurz nach dem Spiel – Bring die vier Kurznachrichten in eine sinnvolle Reihenfolge.

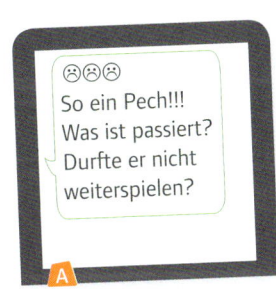

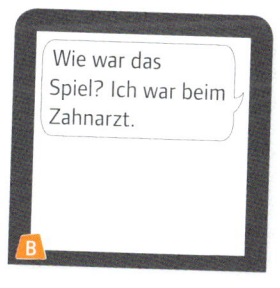

A: ☹☹☹ So ein Pech!!! Was ist passiert? Durfte er nicht weiterspielen?

B: Wie war das Spiel? Ich war beim Zahnarzt.

C: Mario gefoult: Arm gebrochen! Musste in die Klinik!

D: 59:61 verloren ☹ Die letzten 3 Minuten ohne Mario.

d Phonetik: dreimal „j". Hör zu und sprich nach.
1. ja – jetzt – Judo – das Jahr
2. joggen – die Jeans
3. jonglieren – der Journalist

e Hattest du schon mal einen Unfall? Erzähle oder schreib einen kurzen Text.

Wann? Wo?	Was ist passiert?	Ergebnis
beim Joggen / beim Judo	Ich bin gefallen/gestürzt.	haben
bei einer Fahrradtour	Ich bin vom Rad/Pferd gefallen.	Schmerzen/Kopfweh/…
in der Schule	Mein/Meine …	müssen
in der Turnhalle	(Fuß, Bein, Knie, Arm, Hand,	ins Krankenhaus / zum Arzt …
im Schwimmbad	Kopf, Schultern, Finger …)	einen Gips tragen
auf dem Weg zum/zur …	war/waren verletzt.	eine Woche liegen
	hat/haben wehgetan.	nicht dürfen
	war gebrochen.	trainieren
		Sport machen

Ich hatte bei einer Fahrradtour einen Unfall. Ich bin vom Rad gefallen. Ich hatte Schmerzen und konnte nicht weiterfahren. Mein Knie …

8 | Fitness und Sport

8 Rekorde

a Lies die drei Texte schnell und ordne die Fotos zu.

Mario Götze (*1992) | Mit 3 Jahren hat der kleine Mario schon Fußball gespielt. 2007 war er schon in der Jugendnationalmannschaft. 2009 ist er dann zu Borussia Dortmund gekommen, 2011 und 2012 war Dortmund der beste deutsche Verein und Götze hat mit seiner Mannschaft die Meisterschaft gewonnen. 2010 hat er zum ersten Mal in der Nationalmannschaft gespielt. Er war der jüngste Nationalspieler im deutschen Team seit 66 Jahren. Nur Uwe Seeler, die Fußballlegende, war bei seinem ersten Einsatz 1954 ein paar Tage jünger. 2013 ist er für 37 Mio. Euro zum FC Bayern München gewechselt und war der teuerste deutsche Spieler. Jetzt spielt er bei Bayern, einem der erfolgreichsten Clubs der Welt. Beim Endspiel der WM 2014 hat er das 1:0 geschossen. **1**

Gianina Ernst (*1998) | Die Deutsch-Schweizerin ist schon mit fünf Jahren Ski gefahren. Sie ist eine Schanze hinuntergefahren und dann viele Meter durch die Luft geflogen. Skifahren liegt bei ihr in der Familie. Ihr Vater war ein bekannter Skispringer, ihre Mutter eine Langläuferin. Bei ihrem ersten Einsatz in einem Skisprung-Weltcup hat sie sofort den 2. Platz geholt. Das war 2013 in Norwegen. Eine Riesenüberraschung und gleichzeitig die Qualifikation für die Olympischen Spiele in Sotschi 2014. Dort war sie mit 15 Jahren die jüngste Teilnehmerin. Sie hat schon jetzt eine sehr gute Technik, ihr weitester Sprung bis jetzt war 112 Meter. **2**

Sebastian Vettel (*1987) | Sebastian Vettel ist schon als kleines Kind erfolgreich Kartrennen gefahren. 2003, mit 16 Jahren, ist er in den Formelsport eingestiegen und hat 2004 mit 18 Siegen in 20 Saisonläufen einen Rekord aufgestellt. 2010 hat er die Weltmeisterschaft gewonnen und war der jüngste Weltmeister. Er ist mit Michael Schumacher der bekannteste deutsche Rennfahrer. 2010, 2011, 2012 und 2013 war er vier mal hintereinander Weltmeister. Er hat also den Titel viermal nacheinander gewonnen. In seiner Karriere hat Sebastian Vettel viele Rekorde aufgestellt: 2013 hatte er die meisten Grand-Prix-Siege und die längste Siegesserie in einer Saison. Seit 2015 fährt er für Ferrari. **3**

b Zu wem passen die Zahlen? Warum?

   2   3   15   16   37   1987   2004   2012   2013

c Lies die Texte noch einmal und notiere die Ausdrücke mit Superlativ. Sammelt an der Tafel.

der bekannteste ... Rennfahrer

> **Denk nach**
>
> Superlativ vor dem Nomen
>
> der teuerst**e** Sportler
> die jüngst**e** Sportlerin
> das schnellst**e** Auto
> die teuerst**en** Pferde
>
> Superlative vor dem Nomen haben die normalen Adjektivendungen.
>
> Kennst du den teuerst**en** deutschen Fußballspieler?
> 2013 war der teuerst**e** deutsche Spieler ...

d Schreibt Fragen zu den Texten. Fragt in der Klasse.

Wann hat Sebastian Vettel mit dem Rennfahren angefangen?

In welchem Jahr …?

Wer war 2013 in Norwegen die jüngste Teilnehmerin?

9 Gehirnjogging – der etwas andere Sport

a Lies den Text über Konstantin Skudler. Was kann er besonders gut?

Konstantin Skudler hat schon früh sein Talent gezeigt. Schon mit vier Jahren konnte er lesen und rechnen und mit 10 Jahren hat er die Gedächtnisweltmeisterschaft in seiner Altersklasse gewonnen. In nur 30 Minuten hat er die Reihenfolge von 513 Nullen und Einsen auswendig gelernt.

Ich kann mir die Zahlen mithilfe von Bildern merken. Die einzelnen Bilder sind eine Route. Die forme ich dann in eine Geschichte um.

b Mach die zwei Übungen. Wie viele Zahlen und Wörter kannst du auswendig lernen?

„Zahlensprint"
Du hast fünf Minuten Zeit.
Lerne die folgenden 20 Zahlen.

3 6 9 2 4 6 5 7 9 0 1 2 3 4 5 9 8 9

„Wörterlauf"
Du hast fünf Minuten Zeit. Lerne die folgenden 20 Wörter.

Vater – gebrochen – Ruhe – Spaß – hinfallen – schwer – Wochenende – Sport – Klassenarbeit – Fernsehen – Physik – schreiben – Fußball – Auto – Freunde – Arm – Arzt – langweilig – wehtun – Sonne

c Wie habt ihr die Zahlen und Wörter auswendig gelernt? Berichtet in der Klasse.

d Hör die Minigeschichte. Wie heißt der Tipp von den Weltmeistern? Ordne die Wörter.

TIPP
So lernt man die 20 Wörter am besten: eine – mit – Geschichte – Wörtern – Mach – den

e Funktioniert der Tipp? Was meint ihr?

Projekte

A Stelle einen berühmten Sportler vor.

B Präsentiere deine Lieblingssportart.

C Präsentiere eine ungewöhnliche Sportart.

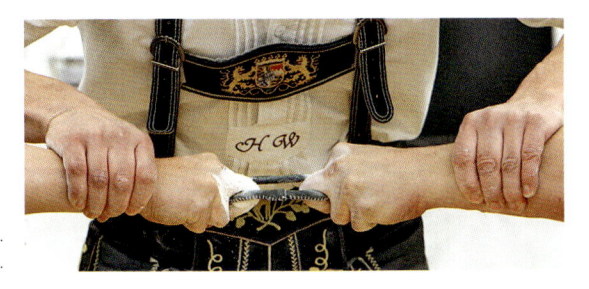

Fingerhakeln ist ein berühmter Sport in Bayern. Es gibt sogar deutsche Meisterschaften.

einundachtzig

8 | Das kannst du

Über die eigenen Sportaktivitäten sprechen
Am liebsten spiele ich Basketball mit meinen Freunden.
In der Schule mache ich am liebsten Turnen. Das kann ich am besten.
Im Fernsehen sehe ich am liebsten Formel 1. Ich bin ein Sofasportler.

Entschuldigungen formulieren
Tut mir leid, ich musste meiner Mutter in der Küche helfen.
Entschuldigung, mein Bus hatte Verspätung.

Über Unfälle sprechen
Er ist vom Fahrrad gefallen. Seine Hand war gebrochen.
Er durfte drei Wochen keinen Sport machen.
Sie ist beim Skifahren gestürzt. Sie hatte Kopfschmerzen und musste eine Woche liegen.

Über Sportler sprechen
Er ist im Moment der bekannteste deutsche Rennfahrer.
Sie war die jüngste Teilnehmerin bei Olympischen Spielen.
Er spielt beim erfolgreichsten deutschen Fußballclub.

Außerdem kannst du …
… Texte über berühmte Personen verstehen.
… Kurzbiografien schreiben und vortragen.

Grammatik — kurz und bündig

Komparativ und Superlativ

	Komparativ	Superlativ
schnell	schneller	am schnellsten
weit	weiter	am weitesten

Manchmal mit Umlaut

groß	größer	am größten
jung	jünger	am jüngsten
alt	älter	am ältesten
hoch	höher	am höchsten

Besondere Formen

gern	lieber	am liebsten
viel	mehr	am meisten
gut	besser	am besten

Sie spricht am meisten!

Er spricht am schnellsten und am lautesten.

Superlativ vor dem Nomen

Superlative vor dem Nomen stehen mit dem bestimmten Artikel. Sie haben die Adjektivendungen.

Nominativ	Kofi ist **der schnellste** Schwimmer in der Klasse.
	Lea und Lars sind **die besten** Tänzer.
Akkusativ	Mario hat **den besten** Kopfhörer und hört **die interessanteste** Musik.
Dativ	Tobi fährt mit **dem schnellsten** Fahrrad.

Unsere Feste

9

Das lernst du

– Nach Informationen fragen
– Zustimmen und widersprechen
– Gemeinsame Aktivitäten planen
– Texte über Feste verstehen und schreiben

A
B
C
D

Sieh dir die Bilder an und hör zu. Zu welchen Bildern passen die Hörszenen? 🔊 2.18

das Schulfest – das Volksfest – der Karneval – Ostern

Sylvia, Tina, Niklas und Orkan sprechen über Feste. Warum ist ihr Fest für sie jeweils am wichtigsten? 🔊 2.19

Welches Fest ist für dich besonders wichtig und warum?

dreiundachtzig 83

9 | Unsere Feste

1 Ein Volksfest

a Lies den Text und beantworte die Fragen 1–8.

| E-Mail | Eingang | Entwürfe | Senden |

München, 23. September

Hi, Tobi, wir sind in München auf dem Oktoberfest. Das ist supertoll! Schade, dass du nicht dabei bist. Die „Wiesn" (so nennen die Leute hier das Fest, weil es auf der Theresienwiese stattfindet) ist das größte Volksfest der Welt. Letztes Jahr waren fast 7 Millionen Leute hier. Die Achterbahn ist Wahnsinn und der Free-Fall-Tower auch. Wir trinken ja keinen Alkohol, aber die Leute hier trinken umso mehr. Und das ist teuer: über 10 Euro für einen Liter Bier! 7 Euro zahlt man für Mineralwasser. Ich weiß nicht, wie die Leute das bezahlen. Das Wetter ist super, es ist warm und sonnig. Bei unserem nächsten Deutschlandbesuch gehen wir zum „Cannstatter Wasen" in Stuttgart. Der ist auch super, haben wir gehört, und dann musst du unbedingt mitkommen!

Bis bald, Sylvia und Aaron

1. Wie viele Leute sind letztes Jahr zum Oktoberfest gekommen?
2. Wie ist die Achterbahn?
3. Wann ist das Oktoberfest ungefähr?
4. Ist das Oktoberfest sehr groß?
5. Wie war das Wetter?
6. Sind die Getränke teuer?
7. Wo gibt es ein anderes großes Volksfest?
8. Wie finden Sylvia und Aaron das Fest?

b Indirekte Fragen – Ergänze das *Denk nach*.

Denk nach

W-Frage	Indirekte Frage (W-Frage)
Wo sind Sylvia und Aaron zurzeit?	Kannst du mir sagen, **wo** Sylvia und Aaron **sind**?
Was ist das Oktoberfest?	Wer kann mir sagen, **w…**?
Ja/Nein-Frage	**Indirekte Frage (Ja/Nein-Frage)**
Sind die Getränke teuer?	Kannst du mir sagen, **ob** die Getränke teuer **sind**?
Kostet Mineralwasser auch so viel?	Wer kann mir sagen, **ob** …

c Schreib die Fragen aus a als indirekte Fragen.

Kannst du mir sagen, … ?   Wer kann mir sagen, …?

2 Phonetik: w und b

a Hör zu und sprich nach.

2.20
Wir trinken kein Bier.
Was ist das Beste?
Wer will Bratwürste braten?
Die Achterbahn ist Wahnsinn.

Wir brauchen Wasser und Butter.

Wir brauchen W…

b Schreibt Sätze mit *w*- und *b*-Wörtern.
Lest sie vor. Die anderen müssen nachsprechen.

3 Janeks Blog

a Ergänze die Fragen und schreib sie ins Heft.

wer – wie – was – was – wann – wie viel – wie viele – wie lange – sind – ist

A Das Schulfest
1. … war das Schulfest?
2. Bis um … … Uhr ist das Schulfest gegangen?
3. … haben die Schüler präsentiert?
4. … hat beim Schulfest Musik gemacht?
5. … die Eltern auch zum Schulfest gekommen?

B Der Karneval in Köln
1. … ist der Karnevalszug?
2. … … Musiker gibt es?
3. … ist das Beste?
4. … Süßigkeiten gibt es?
5. … der Karnevalszug in Köln sehr groß?

b Lies den Text und beantworte die Fragen aus 3a.

Janeks Blog   +Kommentar   Suchen   ⇨ Startseite

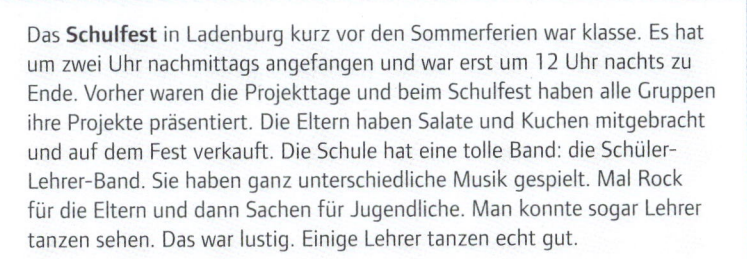

Das **Schulfest** in Ladenburg kurz vor den Sommerferien war klasse. Es hat um zwei Uhr nachmittags angefangen und war erst um 12 Uhr nachts zu Ende. Vorher waren die Projekttage und beim Schulfest haben alle Gruppen ihre Projekte präsentiert. Die Eltern haben Salate und Kuchen mitgebracht und auf dem Fest verkauft. Die Schule hat eine tolle Band: die Schüler-Lehrer-Band. Sie haben ganz unterschiedliche Musik gespielt. Mal Rock für die Eltern und dann Sachen für Jugendliche. Man konnte sogar Lehrer tanzen sehen. Das war lustig. Einige Lehrer tanzen echt gut.

Der Höhepunkt vom **Karneval in Köln** ist der Rosenmontagszug. Über 12 000 Menschen und viele Karnevalswagen nehmen daran teil. Es gibt auch viel Musik. Ungefähr 4 000 Musiker spielen Karnevalslieder. Die Leute sind sehr fröhlich und tanzen zur Musik. Die meisten sind verkleidet. Aber das Beste sind die Süßigkeiten. Von den Karnevalswagen wirft man Süßigkeiten zu den Zuschauern. Es sind etwa 150 Tonnen. Davon 700 000 Tafeln Schokolade.

c Lest das *Denk nach* und schreibt indirekte Fragen.
Wer weiß, wann das Schulfest in Ladenburg war?

d Tauscht die Zettel und fragt in der Klasse.

Wisst ihr …?
Wissen Sie …?
Wer weiß, …?

Verb	wissen
ich	**weiß**
du	**weißt**
er/es/sie/man	**weiß**
wir	wissen
ihr	wisst
sie/Sie	wissen

9 | Unsere Feste

4 Das stimmt – das stimmt nicht.

a Welche Feste sind das? Ordnet die Wortgruppen den Fotos zu.

Ostern	Weihnachten	Geburtstag	Hochzeit
das Osterei	der Tannenbaum	der Geburtstagskuchen	der Bräutigam
der Osterhase	das Lebkuchenhaus	die Kerzen	die Braut
	die Weihnachtsplätzchen		die Trauung

2.21 **b** Du hörst drei Lieder. Zu welchen Festen passen sie?

2.22 **c** Vier Aussagen zu Festen. Ordne 1–4 und a–d zu. Hör dann die Aussagen.

1. ● Zur Hochzeit lädt man in den deutschsprachigen Ländern alle Verwandten und Freunde ein. Meistens sind es mehr als 200 Personen.
2. ● Der Geburtstag ist sehr wichtig. Besonders den 18. und die runden Geburtstage feiern viele groß.
3. ● Alle Deutschen lieben den Karneval.
4. ● Ich finde, dass Weihnachten ein sehr schönes Fest ist.

a) ■ Ja, das stimmt, aber ich finde Ostern auch schön. Ich suche gerne Ostereier.
b) ■ Nein, das ist falsch. Die Feiern sind meistens viel kleiner als in anderen Ländern.
c) ■ Ich denke, das ist richtig.
d) ■ Nein, das stimmt so nicht. Viele lieben Karneval, aber genauso viele finden ihn blöd.

d Schreib vier Aussagen über Feste bei euch. Zwei „richtige" und zwei „falsche".
Lest vor und reagiert auf die Aussagen wie in c.

☺
Das ist richtig.
Ich denke, das ist richtig.
Das stimmt.

☹
Das stimmt (so) nicht.
Das ist falsch.
Unsinn! …
Das glaube ich nicht. Ich denke, dass …

Der Schulanfang ist bei uns das wichtigste Fest.

Was? Das glaube ich nicht! Ich denke, dass … wichtiger ist.

5 Sprechen üben: widersprechen

a Hör zu und entscheide.
Wie widersprechen sie:
energisch oder vorsichtig?

1. Das stimmt so nicht, es gibt …
2. Ich denke, das ist richtig.
3. Nein, das ist falsch.
4. Ja, das finde ich auch.

b Sprich die Sätze einmal energisch und einmal vorsichtig.

c Sucht euch neue Themen aus (Schule, Freizeitangebot am Ort …) und arbeitet noch einmal wie in 4d und 5b.

> Unsere Schule ist langweilig.

> Das stimmt so nicht, wir haben doch viele AGs.

6 Über Feste berichten

a Lies die E-Mail einer Brieffreundin von der deutschen Schule in Santa Cruz (Bolivien) und schreib Fragen mit den folgenden Fragewörtern. Fragt und antwortet.

Wer – Wann – Wo – Wie – Was

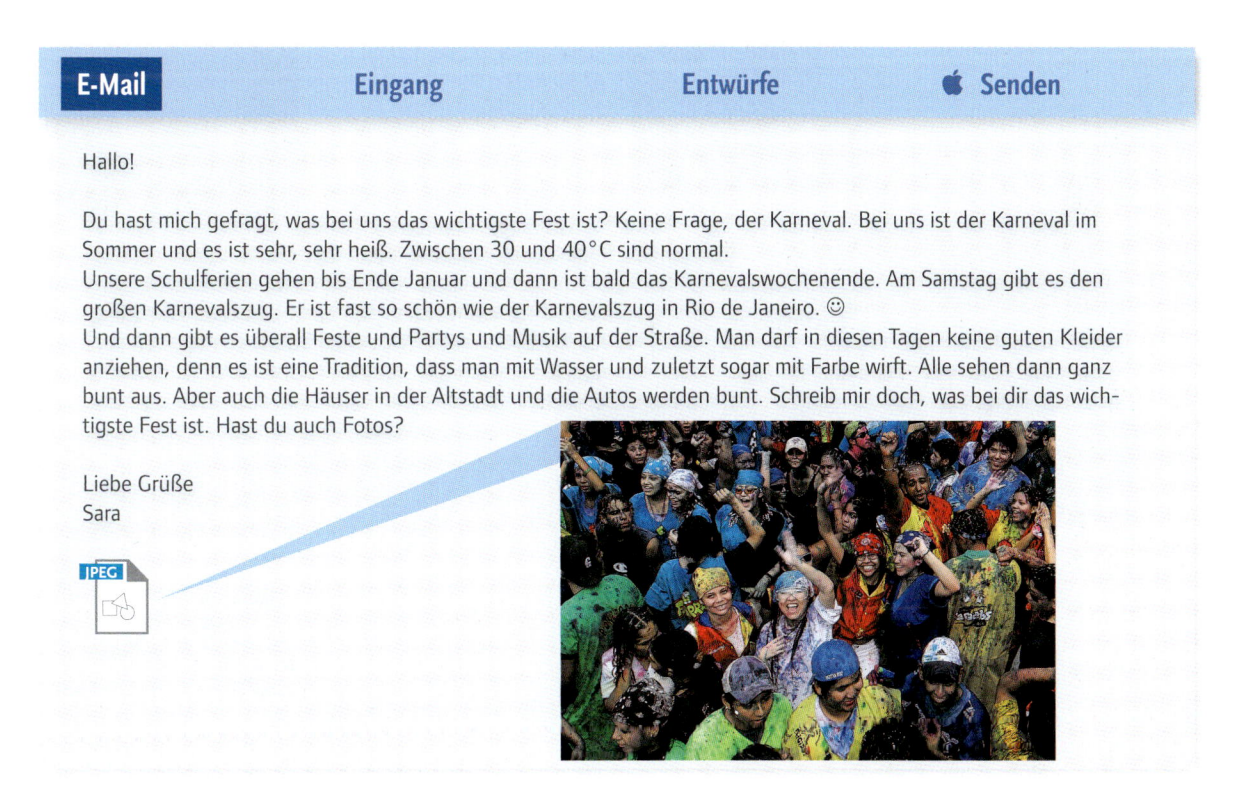

E-Mail | **Eingang** | **Entwürfe** | **Senden**

Hallo!

Du hast mich gefragt, was bei uns das wichtigste Fest ist? Keine Frage, der Karneval. Bei uns ist der Karneval im Sommer und es ist sehr, sehr heiß. Zwischen 30 und 40 °C sind normal.
Unsere Schulferien gehen bis Ende Januar und dann ist bald das Karnevalswochenende. Am Samstag gibt es den großen Karnevalszug. Er ist fast so schön wie der Karnevalszug in Rio de Janeiro. ☺
Und dann gibt es überall Feste und Partys und Musik auf der Straße. Man darf in diesen Tagen keine guten Kleider anziehen, denn es ist eine Tradition, dass man mit Wasser und zuletzt sogar mit Farbe wirft. Alle sehen dann ganz bunt aus. Aber auch die Häuser in der Altstadt und die Autos werden bunt. Schreib mir doch, was bei dir das wichtigste Fest ist. Hast du auch Fotos?

Liebe Grüße
Sara

---

b Lies zuerst die Tipps. Beantworte dann die E-Mail: Berichte über ein Fest aus deiner Stadt / deinem Land.

Schreib …
– wann das Fest ist,
– wie lange es dauert,
– was es zu essen/trinken gibt,
– was die Leute machen,
– wie es dir gefällt.
Schreib 50 bis 100 Wörter.
Vergiss die Anrede am Anfang und den Gruß am Schluss nicht.

TIPPs zum Schreiben

Beachte diese vier Schritte beim Schreiben:
1. Text planen: Notiere Stichwörter.
2. Text planen: Ordne deine Stichwörter.
3. Text schreiben.
4. Text korrigieren: Lies deinen Text dreimal:
a) Stehen die Verben richtig?
b) Groß- und Kleinschreibung?
c) Sonstige Rechtschreibung:
i/ie – e/ee/eh – s/ss/ß – m/mm – n/nn

9 | Unsere Feste

7 Was tun?

a Lesestrategie: selektives Lesen. Lies 1–6 und das Programm.
Suche für 1–6 eine passende Veranstaltung.

1. Charleen findet Motorrad-Shows super.
2. Svenja liebt Märkte.
3. Hilal fragt, wo es ein Straßenfest gibt.
4. Konstantin findet Politik interessant und diskutiert gern.
5. Ann-Kathrin möchte mal wieder in eine Open-Air-Disco.
6. Georg möchte eine Fahrradtour machen, vielleicht mit anderen zusammen.

Mein Tipp: Arbeite ohne Wörterbuch! Du musst nicht jedes Wort verstehen.

Feste in der Region Rhein-Main am Wochenende

Mittelalterspectaculum · Oppenheim · 23.–24. Mai 
Zur Feier des 1000-jährigen Marktrechts findet in Oppenheim einer der schönsten mittelalterlichen Märkte statt. Mit einem Kulturprogramm und Live-Musik bis spät in die Nacht. **A**

Mainfest · 24. Mai 
Am Fluss warten über 70 Schausteller mit modernen Attraktionen (Riesenrad, Free-Fall-Tower …) auf die Gäste. Spannendes Programm mit Musik für Jung und Alt. Ein Laufwettbewerb, Fahrradtouren und ein Feuerwerk ergänzen das Fest. **B**

Quellenfest · Bad Vilbel · 25. Mai
Frühlings- und Straßenfest mit verkaufsoffenem Sonntag. Großes Rahmenprogramm mit „Krönung der Quellenkönigin" und Live-Musik. **C**

Open-Ohr-Festival · Mainz · Musik, Theater, Diskussion · 23.–24. Mai
Das Jugendkulturfestival bietet 5000–7000 jugendlichen Besuchern die Gelegenheit, intensiv aktuelle politische Themen zu diskutieren. **D**

Alteburger Markt · Idstein · 24. Mai
Traditioneller Markt (16. Jahrhundert) im alten Römerkastell. Bis zum späten Abend feiern Jung und Alt bei Bratwurst, Bier, Wein und guter Laune. **E**

Folklore- und Altstadtfest · Büdingen 24.–25. Mai 
Mit Open-Air-Konzert in der historischen Altstadt. Eintritt frei. **F**

Magic Bike · Rüdesheim · 23.–25. Mai 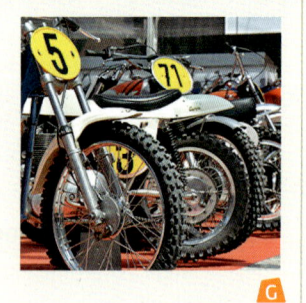
Internationales Motorradtreffen. Live-Musik, Motorrad-Parade, Motorrad-Stunt-Show, US-Car-Show und Feuerwerk. **G**

10. Schlossfest · Darmstadt · 24. Mai 
Musik auf vier Live-Bühnen + Disco-Area – rund 20 Bands spielen Musik von Rock bis Rap. **H**

b Welche Verstaltungen findet ihr interessant? Warum?

Ich finde das Schlossfest interessant, weil …

8 Sich verabreden

a Du hörst zwei Dialoge. Wohin gehen die Jugendlichen?

b Hör Dialog 1 noch einmal und kreuze an.

1. Was machen Till und Ben am Freitag?
   - a Sie gehen zu einem Fest.
   - b Sie spielen in einer Band.

2. Das Schlossfest in Darmstadt ist …
   - a am Freitag ab 16 Uhr.
   - b am Samstag.

3. Wann gehen Till und Ben zum Fest?
   - a Um 16 Uhr.
   - b Gegen 20 Uhr.

c Hör Dialog 2 noch einmal und kreuze an.

1. Jo möchte am Freitag …
   - a zu einer Motorradshow.
   - b zu einer Party gehen.

2. Mia …
   - a mag keine Motorräder.
   - b hat am Freitag keine Zeit.

3. Am Samstag hat Mia …
   - a am Nachmittag Zeit.
   - b den ganzen Tag Zeit.

d Übt den Dialog zu zweit.

● Willst du am Freitag zur *Magic Bike* mitkommen?
■ Ich glaube, nicht, ich habe keine Lust.
● Warum kommst du denn nicht mit?
■ Weil ich Motorräder blöd finde.
● Und was machst du am Samstag?
■ Wollen wir zum Mainfest gehen?
● Ja, gerne, wie lange hast du Zeit?
■ Ich habe den ganzen Tag Zeit.
● Super, dann können wir ja um 11 bei der Fahrradtour mitmachen.
■ Klar, klasse Idee. Und danach gehen wir auf den Free-Fall-Tower.
● Und ich will aufs Riesenrad. Ich liebe Riesenräder! Ich hole dich um zehn ab.
■ Ja, klasse, bis Samstag dann.

e Bereitet Stichwörter für eigene Dialoge vor und spielt sie.

Wollen wir nach … zum/zur …?	Ich will zum/zur nach … gehen.
Was wollen wir am Wochenende machen?	Einverstanden.
Wann willst du gehen?	Ich habe keine Lust.
Wie lange hast du Zeit?	Ich mag nicht / liebe …
Was gibt es da?	Nein, da komme ich nicht mit.
Weißt du, wann/ob …?	Dann gehen wir lieber …

Projekt

Feste in Deutschland, Österreich und der Schweiz oder Feste bei euch:

Hafengeburtstag Hamburg
Basler Fasnacht
Konstanzer Seenachtfest
Wiener Wiesn
Ski-Openings …

Basler Fasnacht

Hafengeburtstag

Arbeitet in Gruppen. Sucht euch ein Fest aus, sammelt Informationen und Bilder und stellt das Fest der Klasse vor.

9 | Das kannst du

Nach Informationen fragen

Kannst du mir sagen, wann dieses Jahr Ostern ist?
Weißt du, wann wir die Zeugnisse bekommen?
Wer weiß, wie man in Deutschland Hochzeit feiert?
Kannst du mir sagen, ob die Getränke teuer sind?

Zustimmen und widersprechen

Ich finde, dass Weihnachten ein sehr schönes Fest ist.

Ja, das finde ich auch.
Das ist richtig.
Ich denke, das ist nicht richtig.

Die Schweizer feiern Geburtstag immer mit 200 Gästen.

Das glaube ich nicht.
Das stimmt (so) nicht.
Das ist falsch.

Gemeinsame Aktivitäten planen

Was wollen wir am Wochenende machen?
Wann willst du gehen?
Wie lange hast du Zeit?
Wollen wir nach … zum/zur …?
Was gibt es da?
Weißt du, wann/ob …?

Ich will zum/zur … nach … gehen.
Einverstanden.
Ich habe keine Lust.
Ich mag nicht … / Ich möchte nicht so gerne …
Nein, da komme ich nicht mit.
Dann gehen wir lieber …

Außerdem kannst du …

… Blogs über Feste in den deutschsprachigen Ländern verstehen.
… einen Text über Feste in deinem Land schreiben.
… Informationen in einem Veranstaltungskalender finden.

Grammatik   kurz und bündig

Indirekte Fragen

W-Frage	Indirekte W-Frage
Wo sind Sylvia und Aaron zurzeit?	Wer weiß, **wo** Sylvia und Aaron zurzeit **sind**?
Was ist der Cannstatter Wasen?	Kannst du mir sagen, **w…**?
Wann fängt das Fest an?	Hast du gehört, **wann** das Fest **anfängt**?
Wer kommt zum Konzert **mit**?	Wer weiß, **wer** zum Konzert **mitkommt**?

Ja/Nein-Frage	Indirekte Ja/Nein-Frage
Gibt es in Stuttgart ein Volksfest?	Weißt du, **ob** es in Stuttgart ein Volksfest **gibt**?
Kommt Leon auch zum Open Air?	Weißt du, **ob** Leon auch zum Open Air **kommt**?

wissen

ich	**weiß**
du	**weißt**
er/es/sie/man	**weiß**
wir	wissen
ihr	wisst
sie/Sie	wissen

Ich weiß, dass ich nichts weiß!

Austausch

10

Das lernst du

– Über Ängste sprechen, jemanden beruhigen
– Länder vergleichen
– Sagen, wohin man im Zimmer etwas tut
– Verständigungsprobleme klären
– Notizen für einen Bericht verstehen

Ordne die Ausdrücke den Fotos zu. Sammelt noch mehr Wörter zu den Bildern.

Fahrrad statt Schulbus – in Deutschland gibt es keine Schuluniformen – das Essen ist ganz anders – die Familien sind größer/kleiner als bei uns

Du hörst drei Interviews. Welche Fotos passen zu welchem Interview?

2.26–2.28

10 | Austausch

1 Alles ist anders.

a Hör die drei Interviews noch einmal und notiere die Informationen.
1. Wo haben sie einen Austausch gemacht? / Wohin wollen sie gehen?
2. Wann? / Wie lange?
3. Was ist anders?
4. Was ist gut?
5. Was ist ein Problem?

Katja, 15 *Joscha, 16* *Miriam, 16*

b Lies das *Denk nach* und ergänze die Sätze 1–9.

Es gibt **keine** Kartoffeln,	**sondern** Reis.
Bei uns tragen wir **keine** Schuluniformen,	**sondern** normale Kleidung.
Ich fahre **nicht** mit dem Fahrrad zur Schule,	**sondern** mein Gastvater bringt mich mit dem Auto.
Der Austausch war **nicht nur** schön,	**sondern auch** sehr interessant.

Katja erzählt:
1. Der Verkehr ist nicht geordnet, sondern …
2. Von der Schule nach Hause kann sie nicht mit dem Fahrrad fahren, sondern …
3. Sie braucht für den Schulweg nicht zehn Minuten, sondern …
4. Mittags isst sie nicht zu Hause, sondern …

Joscha erzählt:
5. Joschas Gastfamilie war nicht klein, sondern …
6. Am Wochenende war es nicht ruhig, sondern …
7. Er war nicht nur in Chile, sondern auch …

Miriam erzählt:
8. Miriam bleibt nicht ein Jahr in Kapstadt, sondern …
9. Sie darf in der Schule nicht anziehen, was sie will, sondern …

2 Deutschland und euer Land

Vergleicht euer Land mit Deutschland.

Verkehr *Wohnen* *Freizeit* *Essen* *Schule* *Klima/Wetter*

Bei uns gibt es nicht so viel/viele …
Bei uns kann man nicht …, sondern man muss …
Das Essen in … ist … genauso … wie …
In … ist es nicht nur im … warm/kalt, sondern auch …
Unser Land ist größer/wärmer als Deutschland.
Der Sommer ist bei uns viel länger/kürzer als in …
In … gibt es die schönsten/größten/besten …

3 Mach dir keine Sorgen!

a Sprechen üben – Hört das Beispiel. Ordnet dann Sorgen und Beruhigungen zu und übt zu zweit.

Vielleicht verstehe ich die Leute nicht.

Mach dir keine Sorgen. Die helfen dir dort sicher.

Sorgen
1. Vielleicht verstehe ich die Leute nicht.
2. Hoffentlich finde ich den Weg zur Schule.
3. Ich habe Angst, dass ich alles falsch mache.
4. Was mache ich, wenn mir das Essen nicht schmeckt?

Beruhigungen
a) Das kannst du bestimmt mit deinem Austauschpartner besprechen.
b) Mach dir keine Sorgen. Die helfen dir sicher.
c) Du schaffst das schon. Und wenn du mal einen Fehler machst, das macht doch nichts.
d) Du kannst ja Leute fragen. Du kannst doch die Sprache. Du gehst doch bestimmt erst mit deinem Austauschpartner zusammen. Das ist bestimmt kein Problem.

b Formuliert eigene Sorgen und Beruhigungen. Spielt Dialoge wie in a.

4 Linda möchte ins Ausland gehen.

a Bewerbungsformular – Lies und antworte auf die Fragen mit wenigen Wörtern.

1. Warum will Linda einen Schüleraustausch machen?
2. Wie soll ihre Gastfamilie aussehen?

b Füllt das Formular ohne euren Namen aus.

c Ratespiel: Sammelt die Formulare ein und mischt sie und lest sie vor. Wer hat was geschrieben?

Name/Geburtsdatum/Klasse
Linda Peters/18.2.2002/10b

Wer hatte die Idee für einen Schüleraustausch?
Meine Freundin hat einen Austausch gemacht. Das war eine tolle Erfahrung. Jetzt möchte ich auch ins Ausland gehen. Meine Eltern finden die Idee auch gut.

Beschreib deine Familie.
Ich lebe mit meiner Mutter und meinen zwei Brüdern zusammen. Stefan ist 9 und Lukas 14 Jahre alt. Meine Eltern sind geschieden. Ich bin jedes zweite Wochenende bei meinem Vater.

Beschreib deine ideale Gastfamilie (kleine Kinder, große Kinder, Haustiere, in der Stadt, auf dem Land …).
Ich möchte gerne eine Familie mit Kindern in meinem Alter. Am liebsten möchte ich eine Gastschwester. Haustiere mag ich, aber das ist mir nicht so wichtig. Ich möchte nicht so gerne auf dem Land wohnen, lieber in einer mittelgroßen Stadt.

Was sind deine Hobbys?
Musikhören, Tanzen, Schwimmen.

Was denkst du, wie kannst du im Gastland Freunde finden?
Ich möchte offen sein und mit vielen reden, wir können zusammen Musik hören und tanzen gehen, dann kann man gute Freunde finden.

Was ist für dich besonders wichtig?
Ich möchte nicht viel allein sein. Ich mag gerne mit Menschen zusammen etwas machen.

Unterschrift
Linda Peters

10 | Austausch

5 Linda in Shanghai – die Wohnung der Gastfamilie

a Seht die Bilder an. Welche Wörter zum Thema „Wohnen" kennt ihr? Sammelt in der Klasse.

b Hör das Gespräch zwischen Linda und ihrer Mutter. In welcher Wohnung wohnt sie?

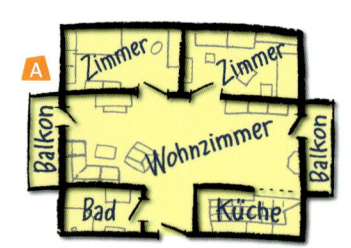

c Wo ist was? Hör das Gespräch noch einmal, sieh das Bild an und ergänze die Sätze im Heft.
1. Der Schrank steht rechts … … Tür.
2. Das Regal steht … … Schrank.
3. Der Schreibtisch steht … Fenster.
4. Das Bett ist links … …Tür.
5. Die Poster hängen … … Betten.
6. Die Kuscheltiere sitzen und liegen … … Bett von Lili.
7. Die Lampe hängt … … Tisch.

d Übt die Präpositionen. Zeigt und sprecht.

Das Buch ist über dem Kopf.

Sie steht auf dem Stuhl.

Nicht vergessen: Frage: Wo? Präposition immer mit Dativ. Ich liege unter dem Stuhl.

6 Phonetik – Wiederholung lange und kurze Vokale

a Hör zu, sprich nach. Ist der Vokal lang oder kurz?
das Bett – hoffentlich – können – anziehen –
der Wecker – das Fahrrad – wohnen – stehen – groß –
das Klavier – liegen – schaffen – die Erfahrung –
der Teppich – der Sessel – ruhig

b Ergänze 1–4 im *Denk nach* mit „kurz" oder „lang".

c Ordne die Wörter aus 6a den Regeln 1–4 zu.

Denk nach
1. Vor einem Doppelkonsonanten (ss, tt, pp, ck …) ist der Vokal immer …
2. Vor einem h ist der Vokal immer …
3. Vor einem ß ist der Vokal immer …
4. *ie* und Vokal + *h* spricht man immer …

7 Auspacken

a Sieh die Zeichnung an und ergänze das *Denk nach*.

Labels in drawing: ins Regal, in den Schrank, hinter die Tür, das Foto, die Bücher, die Schuhe, der Koffer, der Pullover, unter das Bett, neben die Lampe

Denk nach

Präpositionen mit Akkusativ

in, an, auf, unter, über, vor, hinter, neben, zwischen

Frage: Wohin?	→	Akkusativ
der Schrank	→	in d… Schrank
das Bett	→	unter d… Bett
die Tür	→	hinter d… Tür
die Bücher	→	neben **die** Bücher
	→	in da**s** / in**s** Regal
	→	an da**s** / an**s** Bett

b Wohin kann Linda ihre Sachen tun? Schreib die Sätze.

1. Den Wecker kann sie … stellen.
2. Das Handy kann sie … legen.
3. Das Kleid kann sie … hängen.
4. Ihren Ausweis kann sie … legen.
5. Sie kann den Fotoapparat … legen.
6. Sie kann ihr Kuscheltier … setzen.

8 Hängen, liegen, legen, sitzen, setzen, stehen, stellen

a Aktionen beschreiben: *hängen, setzen, stellen, legen*. Lest die Beispiele und arbeitet dann zu zweit.

- Wohin soll ich die Jacke hängen?
- Hänge sie über deinen Stuhl.
- Wohin soll ich das Mäppchen legen?
- Leg das Mäppchen auf die Bücher.

Wohin? →

legen, stellen, setzen, hängen

Sie **legt** das Handy auf **den** Tisch.
Sie **hängt** das Foto an **die** Wand.

Wo? •

liegen, stehen, sitzen, hängen

Das Handy **liegt** auf **dem** Tisch.
Das Foto **hängt** an **der** Wand.

b Den Endzustand beschreiben: *hängen, sitzen, stehen, liegen*. Beschreibt wie im Beispiel.

- Wo liegt das Mäppchen?
- Das Mäppchen liegt auf den Büchern.

10 | Austausch

9 Elina kommt nach Hamburg.

2.32 **a** Hör das Interview. Warum telefoniert Elina mit ihren Gasteltern?

b Hör noch einmal und lies mit.
- Grundmann.
- Ja, guten Tag, ich bin Elina.
- Oh, Elina, schön, dass du anrufst, wir freuen uns alle schon, dass du kommst. Wie geht es dir? Ist alles in Ordnung?
- Wie bitte? Bitte sprechen Sie langsam, ich habe Sie nicht verstanden.
- Ja, natürlich. – Wie geht es dir?
- Danke, gut, und Ihnen?
- Uns geht es prima, hat bei dir alles geklappt? Kommst du am Montag?
- Ja, ich komme am Montag und ich habe eine Frage: Kommen Sie zu … äh … zu … ich weiß das Wort nicht, kommen Sie zu … äh … auf Englisch *platform*?
- *Plattform*? Was meinst du?

c Hilf Elina. Erkläre *platform* auf Deutsch.

2.33 **d** Hör das Gespräch zu Ende. Was ist richtig? Was ist falsch?
1. Elina kommt am Busbahnhof an.
2. Familie Grundmann wartet auf Elina am Gleis.
3. Familie Grundmann bringt ihren Hund mit.
4. Elina kommt am Montagvormittag an.

e Erkläre ein Wort auf Deutsch. Die anderen raten, welches Wort du ausgewählt hast.
Schwester – Koffer – Verspätung – Gastfamilie – Klassenarbeit – Jugendlicher – Zimmer – Flughafen

> **TIPP**
>
> Wörter mit Fantasie erklären
> Es kommt oft vor, dass du ein Wort auf Deutsch nicht weißt. Das ist kein Problem, denn es gibt viele Möglichkeiten:
> – Erkläre das Wort mit anderen Wörtern.
> – Gib Beispiele.
> – Zeige mit Mimik und Gestik, was du sagen willst.
> – Notfalls hilft auch das Wörterbuch auf dem Handy ☺.

10 Aktivitäten in Hamburg

2.34 **a** Elina und ihr Gastschwester Lisa planen das Wochenende. Ergänze den Dialog mit *im*, *in* oder *ins*.
- Was machen wir am Wochenende?
- Wollen wir … Kino gehen? Bist du einverstanden?
- Ach nee, … Kino war ich vorgestern, gehen wir lieber … die Europa-Passage shoppen.
- Ja, gute Idee. … der Europa-Passage gibt es tolle Geschäfte.

b Spielt Dialoge wie in a.

die Speicherstadt

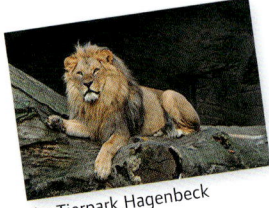

der Tierpark Hagenbeck

die Europa-Passage

11 Austauschberichte

a Pedro, Maria und Luis sind Austauschschüler aus Santa Cruz de la Sierra. Nach der Rückkehr aus Deutschland müssen sie einen Bericht schreiben. In ihren Tagebüchern haben sie Notizen für ihren Bericht gemacht. Lies die Textteile. Was passt zusammen?

1 Heute war ein normaler Tag und ich bin zum ersten Mal in die Schule gegangen. Die ersten zwei Stunden (Deutsch) waren schrecklich. Ich habe nicht viel verstanden und konnte mit niemandem sprechen. Aber später in der Pause war es besser und ich konnte einige Schüler kennenlernen. Das Problem war, dass ich allein mit dem Bus nach Hause fahren musste.

A Ich möchte so gerne für eine Woche zurückfahren, mit meiner Familie zusammen sein und in der Sonne Fußball spielen. Aber das kann ich nur träumen! Luis

2 Gestern sind wir zum Dreiländereck gefahren (Belgien, Deutschland und Holland). Es war wunderschön. Wir sind auf einen Fernsehturm gestiegen.

B Ich hatte keine Ahnung, wo die Haltestelle war und musste jemanden fragen. Ich war total nervös und hatte Angst, dass ich im falschen Bus war. Alle haben mich komisch angesehen. Aber es war der richtige Bus! Pedro

3 Die Tage werden immer dunkler. Alles ist nur grau, nicht lebendig. Ich bin joggen gegangen und um 5 Uhr nachmittags war es schon total dunkel! Von November bis Februar leben die Deutschen bei Dunkelheit. Ich vermisse die Sonne von Santa Cruz.

C Es war komisch, weil man gleichzeitig in drei Ländern war. Am letzten Wochenende waren wir dann Ski fahren in der Skihalle mit Gerd, Robert und Alexander. Das war super. Erst habe ich viel auf dem Boden gelegen, aber dann konnte ich zusammen mit den anderen fahren.
Maria

b Welche Überschrift passt zu welchem Tagebucheintrag?

Geschafft!

Die besten Momente!

Heimweh!

c Positive Erfahrungen und Probleme. Sammelt und macht einen Tabelle.

Positive Erfahrungen	Probleme
bei den ersten Kontakten mit Klassenkameraden	in den ersten Deutschstunden

10 | Das kannst du

Über Ängste sprechen, jemanden beruhigen
Hoffentlich finde ich den Weg zur Schule.
Ich habe Angst, dass ich alles falsch mache.
Was mache ich, wenn …

Mach dir keine Sorgen. Du schaffst das schon.
Das ist bestimmt kein Problem. Die helfen dir sicher.

Länder vergleichen
In Deutschland kann man anziehen, was man möchte, bei uns muss man Schuluniformen tragen.
In Deutschland gibt es viele kleine Familien, genauso wie bei uns.
Bei uns ist der Verkehr nicht so geordnet wie in Deutschland, sondern chaotisch.

Sagen, wohin man im Zimmer etwas tut
Wohin tust du den Koffer?
Ich stelle meinen Koffer hinter die Tür.
Ich lege meine Kleidung in den Schrank.
Ich stelle meine DVDs ins Regal.

Ich hänge meine Poster über den Schreibtisch.
Ich setze mein Kuscheltier auf das Bett.

Verständigungsprobleme klären
Wie bitte?
Wie heißt das auf Deutsch?

Entschuldigung, das habe ich nicht verstanden, können Sie bitte langsam sprechen?

Außerdem kannst du …
… ein Formular ausfüllen.
… Notizen für einen Bericht verstehen.

Grammatik — kurz und bündig

Konjunktion *sondern*
Es gibt **keine** Kartoffeln, **sondern** Reis.
Ich fahre **nicht** mit dem Fahrrad zur Schule, **sondern** mit dem Bus.
Er war **nicht nur** in Deutschland, **sondern auch** in der Schweiz.

Wechselpräpositionen: Richtung + Akkusativ
Wohin? → an, auf, in, hinter, neben, über, unter, vor, zwischen
Wohin soll ich das Poster hängen? — Über **den** Schreibtisch.
Wohin stellst du den Sessel? — Vor **die** Lampe.
Wohin hast du die DVDs gestellt? — Neben **die** Bücher.

Wohin gehst du heute Abend? — **Ins** Kino, kommst du mit?
Wohin fahrt ihr in den Ferien? — Wir fahren **ans** Meer.

| in + das = ins |
| an + das = ans |

Verben mit Bewegung: Wohin? →
Ich **lege** die Gitarre auf **den** Tisch.
Ich **stelle** die Gitarre auf **den** Boden.
Ich **setze** meinen Teddy auf **das** Bett.
Ich **hänge** das Foto an **die** Wand.

Verben ohne Bewegung: Wo? •
Die Gitarre liegt auf **dem** Tisch.
Die Gitarre steht auf **dem** Boden.
Mein Teddy sitzt auf **dem** Bett.
Das Foto hängt an **der** Wand.

legen – hat gelegt, stellen – hat gestellt, setzen – hat gesetzt, hängen – hat gehängt
liegen – hat gelegen, stehen – hat gestanden, sitzen – hat gesessen, hängen – hat gehangen

KLEINE PAUSE | P3

Sprechen und spielen: Wo sind die Sachen?

das Handy
der Rucksack
die Schuhe
das Buch
die Gitarre
die Jacke
die Zeitschriften
der MP3-Player
die Kappe
die Katze

a Spielt zu zweit oder zu viert. Jeder ordnet auf einem Zettel den Bildnummern 1–10 einen Gegenstand aus der Liste zu. Die anderen dürfen deinen Zettel nicht sehen!

b Fragt euch gegenseitig mit Ja/Nein-Fragen. Wer findet die zehn Gegenstände zuerst?

- ● Hast du die Zeitschriften auf den Tisch gelegt?
- ■ Nein. Hast du die Jacke in den Schrank gehängt?
- ● Ja.
- ■ Treffer! Und hast du …?

Sprechen: Finde eine Person, die …

a Lies 1–8 und notiere deine Antworten auf einem Zettel.

b Frag deine Mitschüler und finde in zehn Minuten eine Person, die …
1. … so viele Geschwister hat wie du.
2. … die gleichen Hobbys hat wie du.
3. … gerne klassische Musik hört.
4. … die gleichen Lieblingsfächer hat wie du.
5. … drei Wörter auf Italienisch kann.
6. … die gleiche Lieblingsfarbe hat wie du.
7. … eine Oma mit über 75 Jahren hat.
8. … ein Gedicht auswendig kann.

1. 1 Bruder / 1 Schwester
2. Musik, Basketball, Kino
3. Nein!

Hast du auch einen Bruder und eine Schwester?

Magst du auch …?

c Berichtet in der Klasse.

Markus hat einen Bruder und eine Schwester wie ich. Wir hören auch beide gerne Musik. Nadja hört gerne klassische Musik und ich R&B.

P3 | KLEINE PAUSE

Spielen und wiederholen

Spielt in zwei Gruppen.
Würfelt und löst die Aufgabe auf dem Feld.
Richtig: Du darfst bleiben.
Falsch: Du musst wieder zurück.

Start

1
- Basketball 14 Uhr?
- ☹ Unterricht!
- 17 Uhr?
- ☺

2
gern – lieber – …
viel – mehr – …
gut – besser – …

3
Du bist echt fit!
Geh 2 Felder vor.

4
Warum kommst du so spät?

5
Erklär ein Wort auf Deutsch: „Bruder", „Lehrerin".

10
Du bist in Topform!
Geh 1 Feld vor.

9
Leo fährt nicht mit dem Bus zur Schule, … mit dem Fahrrad.

8
Reagiere auf den Satz: „Weihnachten ist das schönste Fest."

7
Leg das Handy auf d… Tisch, stell den Rucksack auf d… Boden, häng die Jacke in d… Schrank.

6
So ein Pech!
Du hast deinen Fuß verletzt. Geh 2 Felder zurück.

11
Sven kann nicht mit in den Club kommen, weil …

12
Grippe? Du musst dich ausruhen. Setz eine Runde aus!

13
Was weißt du über Gehirnjogging?
Sag 2 Sätze.

14
Leckerer, gesunder Obstsalat! Extra Vitamine bringen dich 2 Felder vor.

15
Richtig oder falsch? Das Oktoberfest in München ist das größte Volksfest in der Welt.

20
Wo ist meine Zeitschrift? Unter d… Bett oder i… Regal oder auf d… Schreibtisch.

19
Was braucht man zum Fußballspielen? Nenne 3 Wörter.

18
Arm gebrochen!
Geh 2 Felder zurück.

17
Erklär ein Wort auf Deutsch: „Austausch", „Schuluniform".

16
Frag mit einer indirekten Frage: Wann ist Tinas Party? Was wünscht sie sich?

21
Frischer Salat? Prima!
Geh 2 Felder vor!

22
Daniela hat den rechten Arm gebrochen und …

23
Reagiere auf den Satz: „Schulpartys sind langweilig."

24
weit, weiter, am …
schnell…
groß …
lang …
hoch …

25
Schon wieder Pech!
Geh 1 Feld zurück!

30
Jemand hat Angst vor dem Test. Du beruhigst ihn/sie.

29
Wohin möchtest du lieber gehen?
… Schwimmbad oder … Meer?

28
Erklär ein Wort auf Deutsch: „Sportfanatiker", „Sportmuffel"

27
Deine Mannschaft hat gewonnen! Geh 2 Felder vor.

26
Was ist der Rosenmontagszug?

Ziel

KLEINE PAUSE | P3

🕐 Mündliche Prüfung Teil 3: einen Termin vereinbaren / sich verabreden

a Arbeitet zu zweit und probiert die Aufgabe aus.
A hat den Terminkalender A,
B hat den Terminkalender B.
Ihr dürft den Terminkalender von eurem
Partner / eurer Partnerin nicht lesen.
Ihr könnt euer Gespräch auch aufnehmen.

> am + Wochentag
> um + Uhrzeit

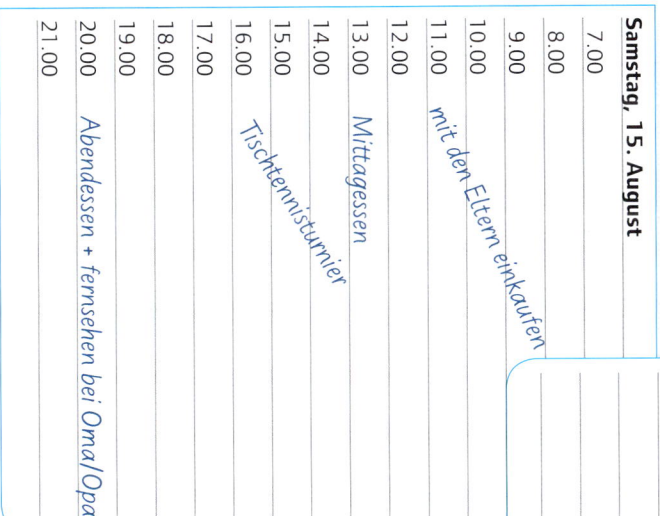

Terminkalender A — Samstag, 15. August
- 7.00
- 8.00
- 9.00
- 10.00
- 11.00 mit den Eltern einkaufen
- 12.00
- 13.00 Mittagessen
- 14.00
- 15.00 Tischtennisturnier
- 16.00
- 17.00
- 18.00
- 19.00
- 20.00 Abendessen + fernsehen bei Oma/Opa
- 21.00

A
Ihr wollt zusammen ein Geburtstagsgeschenk für Lukas kaufen. – Wann könnt ihr euch treffen?

Terminkalender B — Samstag, 15. August
- 7.00
- 8.00
- 9.00 schlafen
- 10.00
- 11.00 Nachhilfe
- 12.00
- 13.00 Mittagessen
- 14.00
- 15.00
- 16.00
- 17.00
- 18.00
- 19.00 Kino mit Martin und Eva
- 20.00
- 21.00

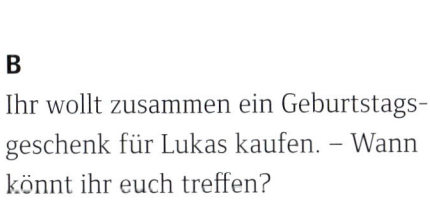

B
Ihr wollt zusammen ein Geburtstagsgeschenk für Lukas kaufen. – Wann könnt ihr euch treffen?

🔊 2.35 **b** Hört das Gespräch von Anna und Jonathan und vergleicht es mit eurem Gespräch. Was machen die beiden anders als ihr? Was machen sie besser? Was machen sie nicht so gut? Macht Notizen und diskutiert in der Klasse.

c Was könnt ihr machen, wenn ihr euren Partner / eure Partnerin nicht versteht oder wenn euer Partner / eure Partnerin euch falsch versteht? Hört das Gespräch noch einmal und sammelt nützliche Sätze.

> Entschuldigung, das habe ich nicht verstanden, meinst du …?
> Kannst du das bitte wiederholen?
> Nein, ich habe nicht um 3 Uhr gemeint, sondern um 13 Uhr.
> Da habe ich mich versprochen. Ich wollte sagen: …

einhunderteins 101

P3 | KLEINE PAUSE

Literatur

Franz Hohler
DER BRIEFKASTEN

„Ich möchte gern ein Rennrad sein", sagte der Briefkasten zum Gartentor,
„und durch weite Ebenen flitzen und hohe Pässe bezwingen."
„Du mit deinen Wünschen", krächzte das Gartentor,
„dabei entsprichst du nicht einmal den neuen Vorschriften der Post."
„Wünschen kann man immer", sagte der Briefkasten nur und
schluckte weiterhin Rechnungen, Zeitschriften, Prospekte und Postkarten.

Wenig später wurde er abgeschraubt und durch einen neuen ersetzt. Man schmolz ihn ein, und zusammen mit alten Metallstühlen, zerrissenen Drahtgittern und krummen Schraubenziehern wurde er zu Leichtstahl verarbeitet, kam in eine Rennradfabrik, und bald darauf flitzte er durch weite Ebenen, bezwang hohe Pässe und konnte kaum glauben, dass er jahrelang am selben Ort gestanden hatte und jeden Tag an der Post fast erstickt war.

Schreib eine Geschichte wie Franz Hohler.
Mögliche Themen:

Der Tannenbaum   Die Fensterscheibe   Das Buch

VIDEO – Du machst einen Austausch? | V2

Du machst einen Austausch?

1 Vor dem Sehen

Erinnert ihr euch?
Erzählt, wie Sara Kiki hilft.

2 Beim Sehen

a Lies die Fragen und sieh dir dann das Video an. Kiki und Leo haben viele Fragen an Sara. In welcher Reihenfolge stellen sie ihre Fragen? Notiere die Buchstaben.

a) Wie gefällt es dir hier? Was magst du an Berlin?
b) Und das Essen? Magst du deutsches Essen?
c) Woher kommst du?
d) Hast du manchmal Heimweh?
e) Hast du schon Freunde gefunden?
f) Sind die Deutschen anders als die Spanier?
g) Warst du schon einmal auf einem deutschen Fest?

b Sieh die Bilder an und sieh dann das Video noch einmal an. Welche Informationen bekommst du zu den Bildern?

3 Nach dem Sehen

Spricht Ana perfekt Deutsch?
Muss man perfekt Deutsch sprechen für einen Austausch? Diskutiert.

V2 | VIDEO – Halloween – auch bei uns!

🎥 Halloween – auch bei uns!

1 Vor dem Sehen

a Ordne die Wörter den Fotos zu.

das Gespenst – der Kürbis – die Maske – die Verkleidung – der Hut – das Tuch – die Zähne – die Perücke

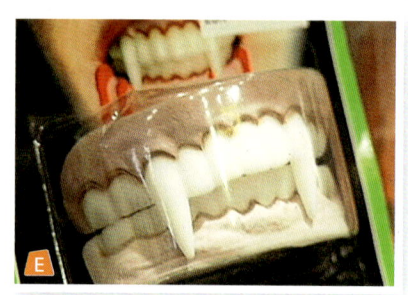

A B C

D E F

b Was machen Gespenster? Wie fühlen wir uns dabei? Zu welchem Bild passt welches Verb?

gruseln

spuken

c Was bedeutet das?

> Was Süßes raus, sonst spukt's im Haus.

2 Beim Sehen

Wer feiert Halloween in Deutschland?
Sieh das Video an. Wer sagt wo und warum:

> Was Süßes raus, sonst spukt's im Haus.

3 Nach dem Sehen

Wie möchtet ihr euch gerne verkleiden? Malt und/oder beschreibt eure Verkleidung.

Berliner Luft

11

Das lernst du

– Über eine Großstadt sprechen
– Nach dem Weg fragen / einen Weg beschreiben
– Um Hilfe bitten
– Höflich nach Informationen fragen
– Eintrittskarten kaufen

A — das Brandenburger Tor

B — der Zoo und die Gedächtniskirche

Wie komme ich zum Fernsehturm?

Da müssen Sie die S-Bahn nehmen.

D — der Bundestag (das Parlament)

Was wisst ihr über Berlin? Sammelt in der Klasse.

Klassenfahrt – Hör zu. Wo sind die Schüler und Schülerinnen? Welches Foto passt?

2.36

11 | Berliner Luft

1 Hauptstadt Berlin

a Lies den Text und ordne die Zahlen zu.
4 – 30% – 1999 – 1,5 Mio. – 3,4 Mio. – 170

Berlin hat **1** Einwohner und ist eine sehr grüne Metropole. Über **2** vom Stadtgebiet sind Parks und Wälder. Durch die Stadt fließen zwei Flüsse, die Spree und die Havel. Man kann Stadtrundfahrten mit dem Schiff machen oder in einem gemütlichen Strandcafé sitzen.

Die deutsche Hauptstadt hat viele Sehenswürdigkeiten, u. a. das Brandenburger Tor, den Zoo, den Fernsehturm, das Sony-Center, den Checkpoint Charlie, die Museumsinsel und die Gedächtniskirche. Es gibt auch viele große und kleine Theater und Kinos.

Berlin ist seit **3** wieder Sitz der deutschen Regierung. Das Parlament arbeitet im Reichstagsgebäude und die meisten Ministerien sind im Regierungsviertel an der Spree. Ganz in der Nähe ist der moderne Hauptbahnhof.

Berlin ist eine multikulturelle Stadt, Menschen aus über **4** Ländern leben hier. Jedes Jahr im Frühsommer findet der Karneval der Kulturen statt. An diesem großen, bunten Straßenfest nehmen Menschen aus der ganzen Welt teil. **5** Besucher feiern **6** Tage lang gemeinsam.

Der erste kulturelle Höhepunkt im Jahr ist immer die Berlinale im Februar. Sie gehört zu den größten Filmfestivals weltweit. Filmstars aus der ganzen Welt treffen sich hier, denn die „Bären" gehören zu den wichtigsten Preisen der Filmindustrie.

Berlin ist auch eine Mode-Stadt. Viele junge Designerinnen und Designer arbeiten hier und entwerfen vor allem Mode für junge Leute.

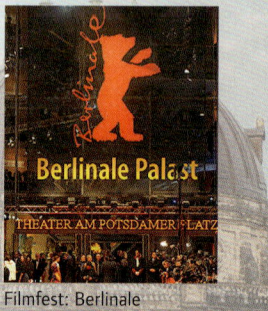

Sony-Center
Filmfest: Berlinale
Modestadt Berlin
Karneval der Kulturen

Berlin hat 3,4 Millionen Einwohner.

b Schreibt Fragen zum Text. Fragt euch gegenseitig in der Klasse.

Wo liegt Berlin?   *Welche Festivals …?*   *Was ist …?*   *Wann … ist …?*

c Adjektivendungen wiederholen – Ergänze die Sätze. Es gibt viele Möglichkeiten.
gemütlich – viel – berühmt – neu – groß – interessant – bekannt – bunt – teuer – spannend

1. Berlin ist eine … Stadt.
2. Es gibt … Festivals.
3. Der Karneval der Kulturen ist ein … Fest.
4. Den … Hauptbahnhof gibt es seit 2006.
5. Man sitzt gern in einem … Straßencafé.
6. In Berlin leben viele … Modedesigner.

2 Museumsbesuch

a Hör zu. Wo waren Miri und Kata? Was finden sie unglaublich?

b Hör noch einmal. Welche Sätze sind richtig? Korrigiere die falschen Sätze.
1. Es gibt heute eine Grenze durch Berlin.
2. Ab Juni 1961 war Berlin geteilt.
3. Alle Familien waren getrennt.
4. Es gibt noch Reststücke von der Mauer.
5. Miri möchte ein Foto vom Museum machen.

c Die Berliner Mauer 1961–1989. Sammelt Informationen im Internet.

3 Musikstadt Berlin

a Lies den Text. Wo passen die Wörter und Ausdrücke?

in Parks – kleine Bühnen – Musikhauptstadt – Rap – Musiker – DJs – Lieder – Sängerin

Berlin ist die **1** von Europa. Aus der ganzen Welt kommen Musiker gerne hierher. Hier gibt es ganz unterschiedliche Musik – von klassischen Konzerten bis zum Rock und **2**, von Oper bis zu Popfestivals. Drei Opernhäuser und die Berliner Philharmonie sind die großen Bühnen, daneben gibt es viele **3** und viele Musiker treten auch auf der Straße oder **4** auf. In keiner anderen deutschen Stadt leben so viele **5**. Auch die Clubszene ist sehr lebendig und viele **6** sind in Berlin aktiv. Insgesamt leben 12 000 Menschen in Berlin von Musik.
Es gibt über 200 **7** über Berlin. Schon 1899 hat Paul Lincke das Lied „Das ist die Berliner Luft" geschrieben und mehr als hundert Jahre später haben „Die Prinzen" und viele andere Songs über die Hauptstadt Deutschlands gemacht. Marlene Dietrich, eine weltberühmte Schauspielerin und **8**, ist in Berlin geboren und hat viele Lieder über ihre Heimatstadt gesungen.

b Hör zu. Was denkst du: Von wem ist welches Lied?

„Berliner Luft"   „Ich hab noch einen Koffer in Berlin"   „Berlin"   „Sommer in Berlin"

Marlene Dietrich

Paul Lincke

Die Prinzen

Nepper, Schlepper, schlechte Rapper

c Welche Musik gefällt euch?

d Welche Lieder über eine Stadt gibt es bei euch?

11 | Berliner Luft

4 Unterwegs in der Stadt

a Wohin? Ergänze die Sätze und ordne sie den Zeichnungen zu.

an der – an der – durch den – über den – über die – über die

1. Geh … … Park.
2. Geh … … Brücke.
3. Geht … … Platz hier.
4. Geht hier … … Straße.
5. Gehen Sie … … Kreuzung rechts.
6. Geh … … Ampel links.

Wie soll ich gehen?

Gehen Sie nach rechts und dann nach links.

Wo soll ich nach rechts und nach links gehen?

b 2.42 Du bist am Hauptbahnhof. Hör zu. Was ist der richtige Weg?

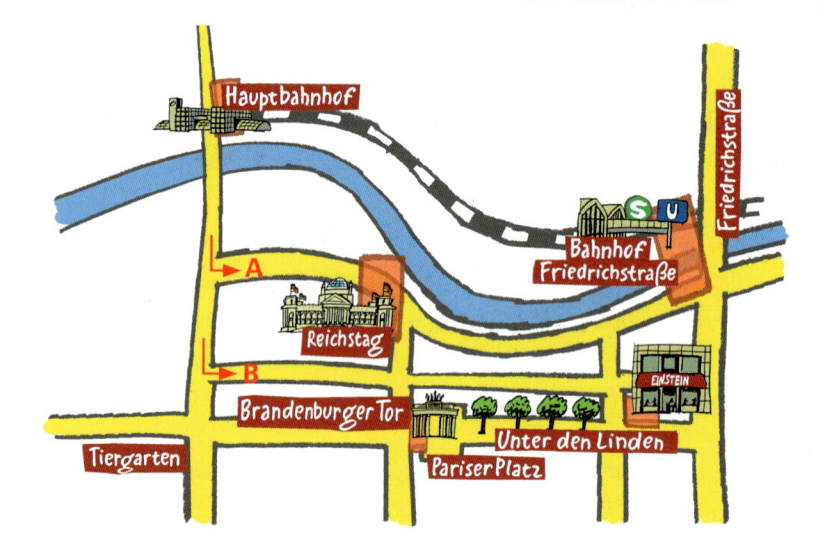

5 Sprechen üben: Informationen wiederholen

a 2.43 Hör zu und wiederhole die wichtigen Informationen.
- ● Dann geht ihr über den Fluss.
- ■ Über den Fluss …
- ● Dann an der nächsten Kreuzung rechts.
- ■ … an der nächsten Kreuzung rechts.
- ● Dann sofort wieder links.
- ■ …

Wenn man die wichtigsten Informationen wiederholt, kann man sie besser behalten.

… wiederholen – besser behalten

b Macht Wegbeschreibungen mit dem Plan und übt das Wiederholen.

108 einhundertacht

6 Wegbeschreibung: U-Bahn, Bus …

a Ihr seid in der Friedrichstraße. Lest und ergänzt die Wegbeschreibung.

Sophie-Charlotte-Platz – 20 Minuten – Ruhleben – Alt-Mariendorf – U2

- ● Entschuldigung, können Sie uns sagen, wie wir zum Schloss Charlottenburg kommen?
- ■ Das ist ziemlich weit, da müsst ihr die U-Bahn nehmen. Da drüben ist eine Station, nehmt die U6 Richtung **1**, fahrt zwei Stationen, dann steigt ihr um in die **2** Richtung **3**, dann sind es 12 oder 13 Stationen. Ihr braucht ungefähr **4**, die Station heißt **5**.
- ● Danke.

b Hört zur Kontrolle.

7 Können Sie uns bitte helfen?

a Schreibt und spielt Dialoge. Benutzt den Plan von S. 108 und den U-Bahn-Plan.

Ihr wollt vom …
1. Reichstag zum Café Einstein.
2. Brandenburger Tor zur Friedrichstraße.
3. Hauptbahnhof zum Olympiastadion.
4. Bahnhof Friedrichstraße nach Pankow.
5. Potsdamer Platz nach Potsdam.
6. Pariser Platz zur Friedrichstraße.

Denk nach

Orte/Plätze/Straßen in der Stadt

zum	Café Einstein / Bahnhof / Pariser Platz …
zur	Disco 36 / Kantstraße …
ins	Café Einstein / Kino / Restaurant / Museum
in die	Disco / Schule
in den	Zoo / Park / Club

Länder/Regionen/Städte/Stadtteile

nach	Deutschland/Brandenburg/Berlin/Kreuzberg

Entschuldigung,
  wir suchen …
  können Sie uns sagen, wo … ist?
  können Sie mir sagen, wie ich zu … komme?
  Können Sie mir bitte sagen, wo ich eine Fahrkarte kaufen kann?

Geht hier links/rechts/geradeaus …
An der zweiten/dritten Kreuzung …
An der nächsten Ampel …
Da vorne gleich um die Ecke, dann links.
Nimm/Nehmt die … / den … in Richtung …
Tut mir leid, ich bin auch fremd hier.

b Phonetik: Vokal am Anfang – Hör zu und sprich nach.

Das | ist weit.
Dann sind | es | acht Stationen.
Wir wollen mit der | U-Bahn fahren.
Geradeaus | oder | an der | Ampel links?

Konsonant und Vokal bleiben getrennt:
Das s und das d spricht man hart/stimmlos.
Das r hört man nicht. Man spricht das r als schwaches a.

11 | Berliner Luft

8 Wir steh'n auf Berlin!

a Lesestrategie: einen Text überfliegen – Wie viele Berliner Attraktionen findest du schnell?
Überflieg den Text 60 Sekunden. Schließ das Buch und mach Notizen.
Sammelt dann in der Klasse.

Anne-Frank-Schule **Klassenfahrten**

Berlinfahrt der 8b

Der erste Tag. Es war seit fast einem Jahr klar, dass wir unsere Klassenfahrt nach Berlin machen, aber wir waren alle aufgeregt, als es dann endlich so weit war. Morgens um 7 sind wir in den Bus gestiegen. 29 Schüler und Schülerinnen und zwei Begleiter, Herr
5 Dolm und Frau Kanter.
29? – Nein, um 7 Uhr waren wir 28. Tobi ist dann um Viertel nach 7 gekommen. Er hat die Straßenbahn verpasst. Ach, Tobi! Nach sechs Stunden Busfahrt waren wir in unserem Hostel am Alexanderplatz. Wir haben Koffer und Taschen in die Zimmer ge-
10 bracht und sind gleich zum ersten Termin im Bundestag gefahren. Dort hat unsere Abgeordnete eine Führung organisiert. Der Vortrag war ein wenig langweilig (☹ ☺), aber das Reichstagsgebäude mit der riesigen Kuppel ist gigantisch. Danach sind wir zum Brandenburger Tor und zum Holocaust-Denkmal gelaufen. Abends
15 waren wir rund um den Alexanderplatz unterwegs. Shoppen im Kaufhaus Alexa, Besichtigung der Weltzeituhr. Einige sind auf den Fernsehturm gefahren. Um 20 Uhr mussten wir im Hostel sein. Tobi war um 21 Uhr 30 da.
Er hat sich verlaufen, sagt er. Ach Tobi!!

20 **Am zweiten Tag** haben wir zuerst eine Stadtrundfahrt mit dem Fahrrad gemacht (Tiergarten, Siegessäule, Schloss Bellevue). Dann waren wir bei Madame Tussauds und abends waren einige bei der „Blue-Man-Group", das ist eine super Show mit viel Musik und Action. Eine andere Gruppe ist mit Herrn Dolm nach Kreuz-
25 berg gefahren. Im Improvisationstheater „Die Gorillas" haben die Schauspieler das Theaterstück nach Stichworten aus dem Publikum spontan entwickelt. Das war total lustig. In Kreuzberg haben wir ein anderes Berlin gesehen, viele Graffiti, viele Obdachlose und eine ganz bunte Mischung von Menschen.

30 **Am dritten Tag** waren „Sealife", „AquaDom" und die Museumsinsel auf dem Programm. Auf der Museumsinsel haben wir uns in Gruppen aufgeteilt. Treffpunkt danach war um 17 Uhr vor dem Haupteingang. Ratet mal, wer nicht da war? Nein, nicht Tobi, Gela und Franzi! Sie mögen keine Museen und waren lieber im Kauf-
35 haus des Westens. Supertoll, sagen sie. Auf dem Rückweg haben sie die falsche U-Bahn genommen und sind direkt ins Hostel. Frau Kanter war nicht glücklich ☹ ☹.

Am letzten Tag haben wir die Mauerreste bei der „East-Side-Gallery" gesehen. Heute sieht die Mauer bunt und freundlich aus,
40 aber hier sind viele Menschen gestorben. Gegen Mittag haben wir unsere Sachen gepackt und sind um 15 Uhr in den Bus gestiegen. Wer hat gefehlt? Niemand. Frau Kanter und Herr Dolm konnten es kaum glauben und waren sehr glücklich ☺.
Es war eine tolle Reise. Alle wollen bald wieder nach Berlin. Es
45 gibt noch so viel zu sehen, z. B. hatten wir keine Zeit für das Olympia-Stadion. Vielen Dank, Herr Dolm und Frau Kanter, dass Sie diese Reise mit uns zusammen gemacht haben!

Reichstag

Holocaust-Denkmal

Siegessäule

Kaufhaus Alexa

Blue-Man-Group

Die Gorillas

b Welche grünen Wörter im Text auf Seite 110 passen zu den Erklärungen 1–5?
1. sehr viele verschiedene Menschen
2. Sie zeigt, wie viel Uhr es überall in der Welt ist.
3. eine Politikerin, sie sitzt im Parlament
4. Hier sollen alle wieder zusammenkommen.
5. Er hat den Weg nach Hause nicht gefunden.

c Das stimmt alles nicht. Vergleiche mit dem Text und korrigiere die Aussagen.
1. Die Klassenfahrt hat drei Tage gedauert.
2. Alle waren pünktlich.
3. Das Improvisationstheater war langweilig.
4. Gela und Franzi mögen Museen.
5. Kreuzberg ist der Name von einem Theater.
6. Das Kaufhaus Alexa ist beim Reichstagsgebäude.
7. Am letzten Tag waren alle im „Sealife".
8. Am Abfahrtstag hat Tobi wieder gefehlt.

d Schreibt je zwei weitere Aussagen zum Text. Eine ist richtig und eine falsch. Lest vor. Die anderen korrigieren.

e Schreib einen Text (50–100 Wörter) über einen Besuch in einer Stadt in deinem Land.

9 Im Kartenshop

a Ort? Zeit? Preis? Formuliere höfliche (indirekte) Fragen.

Fußball-Highlight	Improtheater: „Die Gorillas"	Internationale Funkausstellung	Show „Blue-Man-Group"
Hertha BSC – BVB Dortmund	Karten: 12 €	(5.–10.9.)	Karten: 80–100 €
2. September	Ort: Ratibortheater	Eintritt: 17 €	Ort: BLUEMAX Theater am Potsdamer Platz
Karten: 20–50 €	Zeit: 20:30	Ort: Messe Berlin	Nächste Vorstellungen:
S-Bahn: Olympia-Stadion	Nächste Vorstellungen: 3.9. / 5.9. / 7.9. / 9.9.	S-Bahn: Messe Nord Öffnungszeiten: 10–18 Uhr	4.9.–9.9.

Entschuldigung, können Sie mir sagen, wie viel …

b Fragt und antwortet. Der S/U-Bahn-Plan von Seite 109 hilft.

c Hört den Dialog. Spielt das Gespräch an der Kasse.
● Guten Tag.
■ Guten Tag, ich hätte gern drei Karten für die „Blue-Man-Group".
● Ich habe noch Karten für 80 € und für 90 €.
■ Gibt es eine Ermäßigung für Schüler?
● Nein, tut mir leid.
■ Schade. Dann nehmen wir die drei für 80 €.
● Bitte schön, das macht zusammen 240 €.
■ Danke schön. Und können Sie mir noch sagen, wo das Theater des Westens ist?
● U2 oder U9, Haltestelle „Zoologischer Garten".
■ Danke schön.
● Gerne.

> **Höfliche Bitten**
> **Ich hätte gern** drei Karten für „Die Gorillas". =
> **Ich möchte bitte** drei Karten für „Die Gorillas" **haben**.

d Spielt weitere Gespräche mit Informationen aus eurer Stadt.
– Konzert „ …" / Museum / Sehenswürdigkeit
– Wann?: Tag/Uhrzeit
– Kosten: €€€
– Adresse: ???
– Wegbeschreibung: Bus/U-Bahn/Straßenbahn

einhundertelf

11 | Das kannst du

Über eine Großstadt sprechen
Welche Festivals gibt es in Berlin?
Berlin ist eine interessante Stadt.
Ab 1961 war Berlin geteilt.
In der deutschen Hauptstadt gibt es viele Sehenswürdigkeiten.

Nach dem Weg fragen / einen Weg beschreiben
- Entschuldigung, wie komme ich zum Brandenburger Tor?
- Entschuldigung, können Sie mir helfen? Ich möchte zum Schloss Charlottenburg.
- Können Sie mir sagen, wo der Zoo ist?

- Gehen Sie über die Brücke, an der nächsten Ampel links und dann immer geradeaus …
- Das ist weit. Da müssen Sie mit der U-Bahn fahren. Da drüben ist eine U-Bahn-Station. Nehmen Sie die U3 Richtung …
- U2 oder U9, Haltestelle „Zoologischer Garten".

Um Hilfe bitten / höflich nach Informationen fragen
Entschuldigung, können Sie mir (bitte) helfen?
Entschuldigung, können Sie mir sagen, wo die nächste U-Bahn-Station ist?

Eintrittskarten kaufen
Ich hätte gern zwei Karten für Hertha gegen Dortmund.
Wir hätten gern Karten für „Die Gorillas". Können Sie mir sagen, was die kosten?
Gibt es eine Ermäßigung für Schüler?

Außerdem kannst du …
… einen Informationstext über Berlin verstehen.
… einen Bericht von einer Klassenfahrt verstehen.

Grammatik   kurz und bündig

Lokale Präpositionen (Überblick)
Orte/Plätze/Straßen in der Stadt

→○	Wir gehen	**zum**	Café Einstein / Bahnhof / Pariser Platz …
		zur	Disco 36 / Kantstraße …
→⊙	Wir gehen	**ins**	Café Einstein / Kino / Restaurant / Museum
		in die	Disco / Schule
		in den	Zoo / Park

*Mein Tipp:
Präpositionen immer im Kontext lernen.
Ich fliege über das Haus.*

Länder/Regionen/Städte/Stadtteile

	Wir fahren	**nach**	Deutschland / Brandenburg / Berlin / Kreuzberg.
⊖	Sie gehen	**durch**	den Park / die Stadt.
	Zwei Flüsse fließen	**durch**	Berlin.
	Sie gehen	**über**	den Platz / die Brücke / die Straße.

Höfliche Bitten
Ich **hätte gern** Karten für „Die Gorillas". = Ich **möchte bitte** Karten für „Die Gorillas" **haben**.

einhundertzwölf

Welt und Umwelt

12

Das lernst du

– Sagen, wo man gerne leben möchte
– Das Wetter beschreiben
– Über Konsequenzen sprechen
– Tipps zum Umweltschutz formulieren
– Über Umweltfragen diskutieren

A Pinguine in der Antarktis
B der Urwald
C das Meer
D eine Oase in der Wüste
E eine Großstadt
F ein Dorf in den Bergen

Hört zu. Zu welchen Fotos passen die Geräusche? Wo kann das sein? 🔊 2.47

Sammelt in Gruppen zu je einem Bild Wörter und Sätze. Beschreibt das Bild.

viele Tiere – Fluss – Amazonas – gefährlich – Urwald – heiß und feucht

Das Bild zeigt ein kleines Dorf. Es liegt …
Im Vordergrund … und im Hintergrund …
Es ist vielleicht … Dort ist es im Sommer …

einhundertdreizehn 113

12 | Welt und Umwelt

1 Wo und wie möchtet ihr später mal leben?

2.48 **a** Hör zu. Wo möchten Samira und Oskar gerne mal leben?

b Hör noch einmal. Warum wollen sie an bestimmten Orten leben? Ergänze die Sätze.
1. Samira möchte mal in einer … leben, weil …
2. Sie möchte nicht gerne im … leben, weil …
3. Sie findet auch das Leben in einer … interessant, weil …
4. Oskar möchte ein paar Jahre nach … Er möchte im … leben, weil ….
5. Er möchte nicht in einer … leben, weil …
6. Er meint, dass das Leben in der … vielleicht auch spannend ist, weil …

c Vorteile und Nachteile – Sammelt an der Tafel.

	Vorteile	Nachteile
in der Stadt	Clubs/Discos	laut
auf dem Land		
am Meer		
in den Bergen		
in der Wüste		
im Urwald		

2.49 **d** Hört den Modelldialog und sprecht eigene Dialoge in der Klasse.

Weil ich die Natur in den Bergen sehr mag und gerne wandere.

Ich möchte mal eine Zeit lang in den Bergen leben.

Ich liebe Städte. Ich gehe gern ins Kino.

Warum?

Warum?

Wie langweilig! Ich will lieber in der Stadt leben.

Wirklich? Ich finde Großstädte furchtbar laut. Es gibt zu viel Verkehr. Ich möchte gerne in der Wüste leben.

Wüste? Ist das dein Ernst? Warum?

114 einhundertvierzehn

2 Das Wetter und die Jahreszeiten

a Schreibt und sprecht Sätze zu den Bildern.

die Wolke, bewölkt — die Hitze, heiß, die Sonne, sonnig, trocken — der Regen, regnerisch, nass, kühl — der Wind, windig, der Sturm, stürmisch — der Schnee, die Kälte, kalt

Das Wetter ist nicht gut. Es ist bewölkt. Es gibt viele Wolken. Es ist kühl.

b Sprechen üben. Hört zu und sprecht nach.

1. So ein Mistwetter!
2. Eine Affenhitze heute!
3. Was für ein furchtbares Wetter!
4. Herrliches Wetter heute!
5. Es ist saukalt!
6. Das Wetter geht so heute.

Wetter und Temperaturen am Freitag, den 1. Januar, 11 Uhr UTC

Moskau	sonnig, −23 °C
Athen	sonnig, 14 °C
Kairo	bewölkt, 15 °C
Berlin	sehr windig, 2 °C
Rio de Janeiro	starker Regen, 30 °C
Sydney	sonnig, 38 °C
Bern	bewölkt, 1 °C
Tokio	bewölkt, 3 °C
Wien	leichter Regen, 2 °C
Washington, DC	Schnee, −2 °C
Peking	sonnig, −5 °C

c Wie kann man 1–6 anders sagen?

Zum Beispiel: Das Wetter ist sehr schlecht heute!

d Schau auf die Wetterkarte. Welche Äußerung passt zu welcher Stadt?

„So ein Mistwetter!" passt zu Rio. In Rio ist es Sommer. Es ist warm, aber es regnet stark.

„So ein Mistwetter!" passt aber auch zu …, weil …

3 Wie ist das Wetter?

a Hör zu. Zu welchen Abbildungen passen die Wetterberichte?

A Sonntag, 23. Juli		B Freitag, 22. Dezember		C Mittwoch, 15. Mai	
Heute	Morgen	Heute	Morgen	Heute	Morgen
27 C	20 C	2 C	−2 C	15 C	18 C

b Und bei euch? Wie ist das Wetter heute? Wie war es: gestern, am Wochenende, vor einer Woche, an Neujahr, in den Sommerferien, an deinem Geburtstag …?

Gestern hat es geregnet.

Das Wetter am 1. Januar? Oh, das weiß ich leider nicht mehr.

c Was machst du, wenn …? Schreib Sätze. Sprecht in der Klasse.

Wenn es regnet, …
Wenn es schneit, …
Wenn es heiß ist, …
Wenn es kalt ist, …
Wenn die Sonne scheint, …

Was machst du, wenn es regnet?

Wenn es regnet, ziehe ich eine Jacke an.

einhundertfünfzehn

12 | Welt und Umwelt

4 Wetterchaos

a Zu welchen Zeitungsüberschriften passen die Fotos?

1 Orkan Freddy rast mit 200 km/h über Europa!

2 Ab ca. 2080 kein Schnee mehr in Europa?

3 Feuersturm in Kalifornien! 2400 Hektar Wald weg!

4 Regenchaos und Überschwemmungen! Alles unter Wasser!

5 Ohne Eis keine Eisbären! Arktis bald eisfrei!

2.53 **b** Radio Total – Hör Teil 1 von der Radiosendung. Zu welchem Foto passt die Nachricht?

2.54 **c** Hör nun das Interview. Welche Fotos passen? Warum?

d Hör noch einmal. Welche Aussagen sind richtig? Korrigiere die falschen Aussagen.
1. Der Sturm Freddy war der erste Orkan in Europa.
2. In den Alpen gibt es immer weniger Eis und Schnee.
3. Man kann bald nur noch in Regionen über 1500 Metern Ski fahren.
4. In 20 oder 30 Jahren kann man aber überall wieder normal Ski fahren.
5. Für die Alpenregion ist das sehr gut, denn es kommen mehr Urlauber im Sommer.
6. Ein noch größeres Problem ist der sehr starke Regen.
7. Es regnet mehr und stärker, weil in kalter Luft mehr Wasser ist.
8. Man kann gegen diese Probleme nichts tun.

e Etwas gegen den Klimawandel tun?
Lies die Aussage von Professor Fischmann. Was müssen wir weniger tun, was müssen wir mehr tun? Formuliere eigene Beispiele.

„Wir müssen schneller umweltfreundliche Energien verwenden. Wir müssen anders leben: weniger Auto fahren, weniger mit dem Flugzeug fliegen, weniger elektrische Geräte benutzen, mehr zu Fuß gehen usw."

5 Phonetik: *ch* und *c*

a Hör zu und notiere: Wo spricht man „k", „tsch", „sch", „ts"?

2.55 Chaos – Chat – Chef – circa (ca.) – Computer – CD

b Hör noch einmal und sprich nach.

6 Der 10-Minuten-Chat

a Wer gibt welchen Tipp? Lies den Chat aus der Schülerzeitung „Tempo". Ordne die Fotos A–D den Namen zu.

| Tempo-Chat | ⁺Kommentar | Suchen | ⇨ Startseite |

Tempo	18:00	In der nächsten „Tempo" hat unser „10–Minuten-Chat" das Thema „Ich will was für die Umwelt tun". Habt ihr Ideen außer Mülltrennung? Ihr habt ab jetzt 10 Minuten Zeit. Nicht vergessen: Ihr müsst eure Namen angeben!
Phil, 15	18:01	Wir können die Welt sowieso nicht retten. Habt lieber Spaß und macht euch nicht so viele Sorgen.
Dennis, 17	18:02	GRRR, Phil!!! Man kann etwas tun und Spaß haben. Ich bin bei einer Umweltorganisation. Macht echt Spaß!
Vani, 16	18:03	Man kann etwas tun und Geld sparen! Z. B.: Energiesparlampen kosten mehr als normale Lampen, aber sie halten länger und verbrauchen 80% weniger Energie! Mit so einer Lampe sparst du im Jahr bis zu 9 Euro.
Dennis, 17	18:04	Alt, aber wichtig: Licht ausmachen. Ich bade nicht mehr, sondern ich dusche. Ersparnis: 70 Prozent weniger Wasser und Strom oder Gas. Elektrogeräte ausschalten. Die Stand-by-Funktion ist ein Stromfresser!
Phil, 15	18:06	Ah, komm! Wie viel Strom kann ein kleines, rotes Lämpchen denn verbrauchen? Und Wasser haben wir mehr als genug.
Nadine, 15	18:07	Der Fernseher auf Stand-by kostet 30 Euro im Jahr! Und du hast auch noch einen Computer, eine Spielkonsole, Ladegeräte usw.
Patrick, 16	18:08	Tipp zum Wassersparen: beim Zähneputzen Wasser aus! In einer Minute laufen fünf Liter weg: drei Minuten Zähneputzen = 15 Liter.
XYX	18:08	– Von der Redaktion gelöscht – sachlich bleiben!
Natalie, 15	18:09	Ich bin Mitglied bei einem Verein für Umwelt- und Naturschutz. Wir machen viele Aktionen zum Thema Umweltschutz und Energiesparen in unserer Region. Ich finde die Leute da echt cool.
Phil, 15	18:09	Stofftaschen statt Plastiktüten! UND: Chillen spart viel Energie ☺ !
Tempo	18:10	So, das war es wieder. Danke, Leute!

b Lies den Chat noch mal und beantworte die Fragen für dich. Fragt euch dann in Gruppen.

1. Warum sind Energiesparlampen gut?
2. Was macht Dennis, wenn er aus dem Zimmer geht?
3. Was meint Phil zum Energiesparen?
4. Wie viel Wasser kann man beim Zähneputzen pro Tag sparen, wenn man 3x die Zähne putzt?
5. Hat Phil keinen Vorschlag zum Umweltschutz?

c Und eure Tipps? Macht einen Klassen-Chat.

Wenn man nicht badet, sondern duscht, spart man viel Wasser.
Wenn man nicht duscht, spart man noch mehr Wasser ☺.
Wir haben doch bei uns mehr als genug Wasser. Stromsparen ist wichtiger.

12 | Welt und Umwelt

7 Sprechen üben: lange Wörter

a Hör die langen Wörter und ergänze Smartas Tipp.

das Recycling	das Papier	das Recyclingpapier
die Umwelt	der Schutz	der Umweltschutz
der Umweltschutz	die Organisation	die Umweltschutzorganisation
die Zähne	das Putzen	das Zähneputzen
die Energie	das Sparen	das Energiesparen

Mein Tipp: Bei langen Wörtern ist fast immer das … Wort betont.

b Hör noch einmal und sprich nach.

8 Wortbildung: Verben und Nomen

a Aus fast allen Verben kann man Nomen machen. Ergänze das *Denk nach*.

b Welche Verben findest du in diesen Nomen?
das Wörterlernen – das Wäschewaschen – das Geldsparen – das Wassertrinken – das Abendessen

Denk nach

putzen	das Putzen	das Zähneputzen
essen	das Essen	das Mittagessen
sparen	…	…
fahren	…	…

Verben zu Nomen ist einfach: Artikel immer … und Verb im I…

9 Konsequenzen?

a Schreib die Antwort auf folgende Fragen wie im Beispiel.
Was passiert, wenn …
1. wir weiter so viel Auto fahren?
2. es immer wärmer wird?
3. das Eis schmilzt?
4. wir weiter zu viel Wasser verbrauchen?

weniger Trinkwasser   kein Erdöl   mehr Krankheiten
mehr Stürme   mehr Trockenheit   größere Wüsten
mehr Luftverschmutzung   mehr Überschwemmungen

Wenn wir weiter so viel Auto fahren, dann haben wir …

b Sprecht in der Klasse. A beginnt einen Satz und B beendet ihn mit *deshalb*.
1. Strom kostet viel Geld, …
2. Wir müssen viel Geld für Heizung bezahlen, …
3. Plastiktüten verschmutzen die Umwelt, …
4. Fahrradfahren ist gesund, …
5. Die Straßenbahn ist billiger als das Auto, …
6. …

heizen   weniger   mehr   Licht   ausmachen   viel
Obst essen   wenig   anmachen
benutzen   elektrische Geräte   Stofftaschen
kaufen   Auto fahren   sparen   verbrauchen
Strom   Straßenbahn

Strom kostet viel Geld,
deshalb sollte man Strom sparen.
deshalb sollten wir alle …

ich	sollte
du	solltest
er/es/sie/man	sollte
wir	sollten
ihr	solltet
sie/Sie	sollten

10 Alle wollen etwas, aber keiner tut etwas.

a Lies den Leserbrief an „Tempo". Stimmst du Karla zu oder nicht? Warum?

Unsere Leser und Leserinnen diskutieren

• Thema: 10-Minuten-Chat

Liebe Redaktion!

Danke für eure Artikel zum Umweltschutz in der letzten Ausgabe. Die Äußerungen meiner Mitschülerinnen und Mitschüler waren sehr interessant. Sind wir wirklich alle so tolle Umweltschützer? Mein Eindruck ist: Beim Reden schon, aber die Praxis ist anders. Alle sprechen über das Klima, aber keiner will Energie sparen. Wir wissen, dass jeder etwas tun muss, aber fast niemand tut wirklich etwas. Die Handys laufen weiter, die Mülleimer sind voll mit Verpackungsmüll. Und dann die Pessimisten: „Man kann ja sowieso nichts machen." Wenn ich das schon höre! Wenn man immer alles negativ sieht, erreicht man nie etwas. Jeder kann etwas machen. Man muss nur anfangen.

Karla

Denk nach

jeder/alle	…/niemand
jemand	keiner/…
etwas	…
immer	…

b Lies den Brief noch einmal und ergänze das *Denk nach*.

c Drei-Satz-Aussagen – Hör das Modell. Wähl einen Anfang 1–6 und schreib eine Aussage. Tragt eure Aussagen vor. Dann sagen die anderen ihre Meinung.

1. Man kann eigentlich nichts tun, weil …
2. Alle wollen Energie sparen, aber …
3. Vielleicht kann man nur wenig tun, aber …
4. Keiner will wirklich etwas tun, deshalb …
5. Wenn man immer nur pessimistisch ist, …
6. Jeder kann etwas tun, weil …

Das stimmt doch nicht, dass niemand …
Ich glaube nicht, dass …
Ich bin nicht deiner Meinung, weil …
Ich bin mir sicher, dass …
Du hast schon recht, aber …

Projekte

Energiesparen und Umweltschutz in der Schule oder zu Hause.

a Wählt „Schule" oder „zu Hause" und sammelt Ideen.

b Arbeitet in Gruppen und macht ein Plakat oder eine Präsentation.

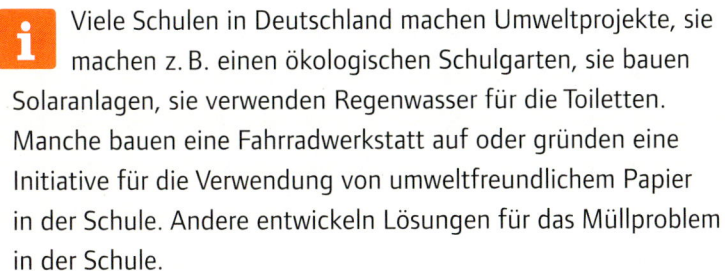

> **i** Viele Schulen in Deutschland machen Umweltprojekte, sie machen z. B. einen ökologischen Schulgarten, sie bauen Solaranlagen, sie verwenden Regenwasser für die Toiletten. Manche bauen eine Fahrradwerkstatt auf oder gründen eine Initiative für die Verwendung von umweltfreundlichem Papier in der Schule. Andere entwickeln Lösungen für das Müllproblem in der Schule.
> Viele Städte und Bundesländer unterstützen diese Projekte und machen Wettbewerbe. Die besten Projekte bekommen Preise.
> Internet-Suchbegriff: „Schule Umweltprojekt".

12 | Das kannst du

Sagen, wo man gerne leben möchte
Ich möchte gerne mal in einer Wüste leben, weil ich das interessant finde.
Ich möchte nicht gerne in einer großen Stadt leben, weil es dort laut und schmutzig ist.
Das Leben im Urwald ist bestimmt spannend.

Das Wetter beschreiben
Letzte Woche war es hier heiß und trocken. Die Sonne hat geschienen. Ein herrliches Wetter!
An Neujahr war ein Mistwetter. Es war kühl und hat geregnet. Was für ein furchtbares Wetter!

Über Konsequenzen sprechen
Wenn wir zu viel Wasser verbrauchen, gibt es bald nicht mehr genug Trinkwasser.
Deshalb müssen wir Wasser sparen.
Wenn wir weiter so viel Auto fahren, gibt es bald kein Erdöl mehr.

Tipps zum Umweltschutz formulieren / Ratschläge geben
Wenn man nicht badet, sondern duscht, spart man viel Wasser.
Fahrradfahren ist gesund und gut für die Umwelt. Deshalb sollten wir weniger mit dem Auto fahren.

Über Umweltfragen diskutieren
Das stimmt doch nicht, dass niemand etwas tut.   Ich bin mir sicher, dass man mehr tun muss.
Ich bin nicht deiner Meinung, weil …   Das hast schon recht, aber das ist nicht so einfach.

Außerdem kannst du …
… Wetterberichte verstehen.
… Forumstexte / einen Leserbrief zum Umweltschutz verstehen.

Grammatik — kurz und bündig

Negationswörter: *keiner, niemand, nichts, nie*

jeder/alle – niemand/keiner	**Keiner** tut etwas für die Umwelt, aber **alle** reden über die Umwelt.
jemand – niemand/keiner	Kann mir **jemand** helfen? Ist denn **niemand** da?
etwas – nichts	Hast du **etwas** getan? Ich habe **nichts** getan.
immer – nie	Wenn man **immer** alles negativ sieht, erreicht man **nie** etwas.

Ratschläge geben mit *sollte*

ich	sollte
du	solltest
er/es/sie/man	sollte
wir	sollten
ihr	solltet
sie/Sie	sollten

Du solltest Energie sparen.

Ich finde Energiesparen sehr wichtig, aber Internetsurfen ist mein Lieblingshobby.

Wortbildung: Verben – Nomen – Komposita

Wenn ein Verb im Infinitiv zum Nomen wird, ist der Artikel immer neutrum: *das*.
sparen – **das** Sparen – das Energiesparen, das Wassersparen …
surfen – **das** Surfen – das Internetsurfen, das Windsurfen …

Reisen am Rhein

13

Das lernst du

– Vorlieben und Abneigungen nennen
– Zustimmen und ablehnen
– Eine Reise planen
– Fahrkarten kaufen

Hört die Geräusche und Aussagen. Ordnet sie den Fotos zu. 2.58

Wählt ein Foto und beschreibt es. Die anderen raten die Stadt.

Auf meinem Foto sieht man keine Menschen. Der Fotograf …

13 | Reisen am Rhein

1 Der Rhein

a Schau die Karte auf Seite 121 an. Lies die Texte 1–6. Zu welchen Orten passen sie?

1 Der Rhein kommt aus den Alpen und fließt durch den Bodensee. Bald nach dem Bodensee gibt es einen großen Wasserfall. Er heißt der „Rheinfall von …". Ab Basel fließt der Rhein nach Norden zur Nordsee. Er ist einer sehr wichtiger Fluss für Europas Wirtschaft.

2 Das ist die drittgrößte Schweizer Stadt (nach Zürich und Genf). Es ist eine große Industriestadt, aber es gibt auch viele interessante Museen. Z. B. das Museum Tinguely. Dort kann man verrückte Maschinen-Kunstwerke sehen. Berühmt ist auch die Fasnacht (so heißt hier der Karneval/Fasching).

3 In Deutschlands Ökostadt Nr. 1 gibt es viele Solaranlagen auf den Dächern und 500 km Fahrradwege. Man kann hier ohne Auto leben. Die Fußgängerzone um das Münster (die Kirche) war eine der ersten in Deutschland. Nicht weit von hier ist ein großer Vergnügungspark, der „Europa-Park" in Rust.

4 Diese Stadt hat viel Industrie und einen wichtigen Flusshafen. Sie liegt fast genau zwischen Basel und Köln. Berühmt ist auch die Popakademie, eine Schule für Musiker und Musikproduzenten.

5 Jedes Jahr kommen viele Tausend Touristen an den Rhein zwischen Koblenz und Bingen. Sie besichtigen die alten Burgen und fahren mit dem Schiff auf dem Rhein. Dann hören sie die Geschichte von der Loreley. Die schöne Frau auf dem Felsen hat durch ihr Singen die Schiffer so verrückt gemacht, dass sie mit ihren Schiffen gegen den Felsen gefahren sind.

6 Die Römer haben diese Stadt gegründet. Sie ist eine von den Karnevalsmetropolen am Rhein. Ihr Wahrzeichen ist eine große Kirche, der Dom. 1248 hat man den Bau begonnen und erst 1880 war er fertig. Heute ist die Stadt auch eine Medienstadt. Viele Fernsehsender haben hier Studios. Manche Studios kann man auch besuchen.

b Zu welchen grünen Wörtern im Text passen die Erklärungen?
1. Ein Stadt mit vielen Fabriken.
2. In diesen Straßen darf man nicht Auto fahren. Die Leute können in Ruhe spazieren gehen.
3. Ein Ort am Fluss. Hier halten die Schiffe.
4. Hier gibt es weniger Autos und mehr Fahrräder. Man benutzt die Energie von der Sonne.
5. Ein sehr, sehr großer Stein.
6. Eine große Kirche.

c Schreib eine Frage zum Text.
Lies sie vor. Wer weiß die Antwort?

Wie heißt die Schule für Musiker?
Wo ist ...? Wann war ...?

d Welchen Ort möchtest du am liebsten besuchen? Warum?

2 Präpositionen

Lies die Sätze mit der richtigen Präposition vor.

gegen + Akk	durch + Akk
Smarti ist **gegen** den Felsen gefahren.	Smarti schwimmt **durch** den Rhein.

1. Der Rhein kommt *in/aus/nach* den Alpen.
2. Der Rhein fließt *gegen/zwischen/durch* den Bodensee.
3. Der Rhein fließt *von/auf/in* Süden *auf/aus/nach* Norden.
4. Der Rhein fließt *gegen/durch/zwischen* sechs Länder: die Schweiz, Liechtenstein, Österreich, Deutschland, Frankreich und die Niederlande.
5. Mannheim liegt *auf/in/neben* der Mitte *von/zwischen/bei* Basel und Köln.
6. *In/Auf/Von* dem Rhein fahren viele Schiffe bis Basel.
7. Köln liegt *in/neben/auf* der linken Seite vom Rhein.
8. Der Rhein fließt *vor/unter/in* den Niederlanden *gegen/in/auf* die Nordsee.

Projekte

A Elbe, Donau, Mosel, Main ... – Recherchiert Informationen zu einem Fluss und macht eine Präsentation: Geografie, Geschichte, Wirtschaft, Tourismus, Sport ...

Der Main bei Miltenberg

Schloss an der Donau

Die Elbe in Sachsen

Die Mosel bei Cochem

B Wählt eine Sehenswürdigkeit bei euch aus und macht dafür ein Werbeplakat oder eine Werbepräsentation für deutschsprachige Touristen.

13 | Reisen am Rhein

3 Reisepläne

a Elias und Tim haben Reisepläne. Hör das Gespräch. Welche Fotos passen zur Reise?

A Bodenseerundweg
C Zürich
D Europa-Park Rust
B Rhein bei Koblenz

b Hör noch einmal. Was ist richtig? Was ist falsch?
1. Elias verreist mit den Eltern.
2. Tim ist in den Ferien gern bei den Großeltern.
3. Elias mag Museen.
4. Tim möchte gerne am Bodensee wandern.
5. Tim und Elias haben sich schon genau informiert.
6. Elias möchte unbedingt in den Europapark.
7. Das Zwei-Tage-Ticket für den Europapark ist billig.
8. Sie müssen ihre Eltern und Großeltern fragen.

c Ergänze die Lücken 1–8 im Dialog.

am liebsten – bestimmt – dagegen – eine tolle Idee – lieber – möchte gerne – nicht so toll – O.k.

- … Wir können zusammen viel machen. Ich **1** nach Basel. Ins Museum Tinguely und ins Kunstmuseum.
- Bitte nicht! Ich bin **2**, dauernd Museen, das ist doch furchtbar langweilig.
- Wir können ja auch andere Sachen machen. Was willst du denn machen?
- Ich möchte unbedingt etwas Sportliches machen, **3** eine Radtour.
- Kein Problem, wir können um den Bodensee fahren.
- Das ist **4**, Elias. Hast du das schon mal gemacht?
- Nee, aber ich kann ein bisschen im Internet recherchieren. **5**, eine Radtour, ein oder zweimal nach Basel und dann …
- Einmal, Tim, das reicht! Und dann **6** ein paarmal in den Europapark.
- Ein paarmal? Ich finde Freizeitparks **7**. Ich möchte lieber nach Freiburg.
- O.k., zweimal Europapark und einen Tag Freiburg und einmal Basel, die Kunstmuseen.
- Der Europapark ist **8** sehr teuer.
- …

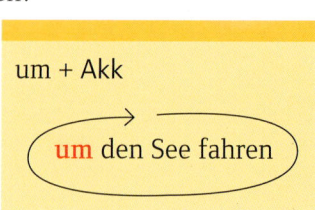

um + Akk

um den See fahren

4 Wiederholung: Adjektive vor dem Nomen

a Ergänze die Sätze mit Adjektiven in der richtigen Form. Die Sätze können verrückt sein.

1. Ich möchte mit meiner **1** Freundin eine **2** Fahrt auf der **3** Elbe machen.
2. Morgen besichtigen mein **1** Vater und meine **2** Schwester den **3** Fernsehturm in Berlin.
3. Ich möchte einen **1** Urlaub an einem **2** See im **3** Schwarzwald machen.
4. Die **1** Geschichte von der **2** Loreley findet meine **3** Mutter sehr schön.
5. Der **1** Popstar trägt eine **2** Halskette und in der Nase einen **3** Ring.

Ich möchte mit meiner neuen Freundin eine ruhige Fahrt auf der schönen Elbe machen.

Ich möchte mit meiner ruhigen Freundin eine langweilige Fahrt auf der warmen Elbe machen.

Ich möchte mit meiner fantastischen …

b Städterätsel – Beschreib einen Ort aus deiner Region oder einen aus prima^plus° – Leben in Deutschland, zu dem du unbedingt / auf keinen Fall fahren möchtest. Benutze dabei Adjektive. Die anderen raten.

Wo? ⊙ Dort.
Wohin? → Dorthin.

Meine Stadt liegt in der Schweiz. Sie ist die zweitgrößte Stadt von der Schweiz und hat einen großen Flughafen. Der große See bei der Stadt heißt wie die Stadt. Dort wohnt meine nette Brieffreundin. Deshalb möchte ich unbedingt einmal dorthin fahren.

5 Phonetik: viele Konsonanten

2.60 Hör zu und sprich nach. Einmal langsam, einmal schnell.

zwischen – die Quelle – Deutschland –
das Kunstmuseum – die Industriestadt –
der drittgrößte Fluss – der Vergnügungspark –
die wichtigste Stadt

Bitte keine „e" oder „i" zwischen den Konsonanten sprechen und keine Konsonanten weglassen.

6 Dialoge üben

a Lest die Sätze und schreibt fünf Vorschläge für Ausflüge oder Reisen in eurer Region auf.

Vorschläge machen	Auf Vorschläge reagieren
Wollen wir im Juli nach … fahren?	Was kann man da machen?
Sollen wir … machen?	Was willst du in … machen?
Wir können vielleicht …	Das ist eine tolle Idee. / Das ist super.
Ich möchte unbedingt/gerne …	Einverstanden, ich bin auch dafür.
Wir können nach / in die … fahren.	Das möchte ich nicht. / Das gefällt mir nicht.
In … gibt es …	Ich bin dagegen.
Man kann von dort nach / in die / auf den … fahren.	Ich möchte gern / lieber / am liebsten …

b Spielt Dialoge zu euren Vorschlägen: Vorteile/Nachteile, Alternativen, Kosten …

13 | Reisen am Rhein

7 Am Fahrkartenschalter

a Lies 1–6 und den Reiseplan. Hör zu: was ist richtig? Was ist falsch?

die BahnCard 25 (25% billiger)

ICE (Intercity-Express)

IC (Intercity)

RE (Regionalexpress)

Bordrestaurant

1. Sara möchte nach Koblenz fahren.
2. Sie bekommt die Fahrkarte nicht billiger.
3. Der Zug fährt kurz vor 11 von Gleis 4.
4. Sie fährt mit einem ICE.
5. Sie muss dreimal umsteigen.
6. Sie reserviert einen Platz am Fenster.

Detailansicht

Bahnhof/Haltestelle	Datum	Zeit	Gleis	Produkte	Bemerkungen
Freiburg (Breisgau) Hbf	Mi, 27.08.08	ab 10:57	4	ICE 372	Intercity-Express
Mannheim Hbf	Mi, 27.08.08	an 12:22	2		Bordrestaurant
Mannheim Hbf	Mi, 27.08.08	ab 12:39	2	IC 2112	Intercity
Koblenz Hbf	Mi, 27.08.08	an 14:10	3		Fahrradmitnahme reservierungspflichtig, Fahrradmitnahme begrenzt möglich, Bordrestaurant

Dauer: 3:13; fährt täglich, nicht 20., 21. Sept
→ Zwischenhalte einblenden
→ In Kalender eintragen   Preis: 64,00 EUR   zur Buchung

b Hör den Dialog noch einmal und lies mit.

Teil 1: Ort und Datum
- Guten Tag, ich hätte gern eine Fahrkarte von Freiburg nach Koblenz.
- Für wann?
- Für übermorgen.
- Hin und zurück?
- Nein, einfach.
- Haben Sie eine BahnCard?
- Ja, BahnCard 25.

Teil 2: Uhrzeit und Zugtyp
- Um wie viel Uhr möchten Sie fahren?
- Um zehn.
- Um 10 Uhr 57 fährt ein ICE.
- Gibt es noch eine Möglichkeit?
- Erst wieder um 13 Uhr 04.
- Dann nehme ich den Zug um 10 Uhr 57. Von welchem Gleis fährt der Zug?
- Gleis 4.

Teil 3: Reservierung
- Möchten Sie reservieren?
- Ja, bitte.
- 1. oder 2. Klasse?
- 2. Klasse.
- Fenster oder Gang?
- Wie bitte?
- Möchten Sie am Fenster sitzen oder am Gang?
- Am Fenster bitte.
- Gut, das kostet dann zusammen 64 Euro.

c Spielt die Dialoge.

8 Sprechen üben: nachfragen

Hör zu. Was fehlt bei den Dialogen? Frag bei Dialog 2–4 nach wie bei Dialog 1.

um wie viel Uhr – wie viel – auf welchem ... – wie viel

Dialog 1
- Der ICE fährt um …
- Wie bitte? Um wie viel Uhr fährt der ICE?
- Der ICE fährt um 13 Uhr 15.
- Danke schön.

126 einhundertsechsundzwanzig

9 Rollenspiel: Dialoge am Bahnhof

a Bereitet Dialoge vor und spielt zu zweit.

Kunde 1	
Strecke	Heidelberg → Köln
Datum	12.3.–16.3.
Ermäßigung	BahnCard
Verbindung	ICE
Abfahrt – Ankunft	12.36–18.48
umsteigen	Mannheim
Reservierung	2. Klasse
Preis	53,25 €

Kunde 2	
Strecke	Bingen → Straßburg
Datum	morgen
Ermäßigung	nein
Verbindung	Regionalexpress + EuroCity
Abfahrt – Ankunft	14.55–20.01
umsteigen	Mainz + Karlsruhe
Reservierung	2. Klasse, Fenster
Preis	38,50 €

b Sprachmittlung – Spielt zu dritt Situationen bei euch am Bahnhof/Busbahnhof.
Eine deutschsprachige Person spricht eure Sprache nicht und bittet euch um Hilfe beim Fahrkartenkauf. Sie möchte in eine andere Stadt fahren und braucht Informationen über: die Abfahrtszeiten, die Dauer von der Fahrt, den Preis usw.

TIPP

Sprechsituationen vorbereiten

Wenn man reist, gibt es viele Situationen immer wieder.
Auf diese Situationen kann man sich vorbereiten.
Probiert es aus. Sammelt Wörter und Ausdrücke zu diesen Themen:

1. bei einer Jugendherberge anrufen
2. nach dem Weg fragen
3. nach Sehenswürdigkeiten fragen
4. etwas zum Essen bestellen

Überlegt: Was wollt ihr wissen, was können die Antworten sein?

Haben Sie am 18. Juni ein Zimmer frei?   Ja/Nein/Für wie viele Personen?
Wie viele Nächte? Mit Bad oder ohne Bad?

13 | Das kannst du

Vorlieben und Abneigungen nennen

Ich möchte eine Radtour machen.
Ich möchte lieber nach Freiburg.

Das wird bestimmt super.
Ich finde diese Freizeitparks nicht so toll.

Zustimmen und ablehnen

Einverstanden. Ich bin (auch) dafür.
Das ist eine tolle Idee.
Das ist super.

Ich bin dagegen.
Das ist bestimmt sehr teuer / zu teuer.
Das ist doch furchtbar langweilig.

Eine Reise planen

Wohin wollen wir fahren?
Wollen wir im Juli nach … fahren?
Was kann man da machen?
Was willst du in … machen?
Was kostet die Jugendherberge / der Eintritt?

Wir können nach / in die … fahren.
Man kann von dort nach / in die … fahren.
Das möchte ich nicht. / Das gefällt mir nicht.
Ich möchte gern/lieber / am liebsten …
In … gibt es …

Fahrkarten kaufen

Ich hätte gerne eine Fahrkarte nach Rostock.
Für morgen/übermorgen/Freitagmorgen.
Etwa um 10 Uhr. / Zwischen zehn und elf.
Hin und zurück.
Mit/Ohne BahnCard.

1. Klasse. / 2. Klasse.
Ich möchte einen Sitzplatz reservieren.
Am Fenster / Am Gang, bitte.
Gibt es ein Sonderangebot / Ermäßigungen?
Muss ich umsteigen?

Außerdem kannst du …

… Texte zu verschiedenen Orten und Landschaften verstehen.
… einen Fluss präsentieren.
… einen Reiseplan machen und Situationen auf einer Reise vorbereiten.

Grammatik   kurz und bündig

Lokalangaben

	Wo? •	Wohin? →
	(Dativ)	(Akkusativ)
	dort	dorthin
Orte	in Graz	nach Graz
Länder	in Deutschland	nach Deutschland
	in der Schweiz	in die Schweiz
Kontinente	in Afrika	nach Afrika
	in der Antarktis	in die Antarktis
Flüsse und Seen	am Rhein	an den Rhein
	an der Donau	an die Donau
	am Bodensee	an den Bodensee
Berge	auf der Zugspitze	auf die Zugspitze
	auf dem Matterhorn	auf das Matterhorn

Immer Akkusativ:	durch	den Fluss / das Tal / die Straße	gehen
	gegen	den Felsen / das Auto / die Wand	fahren
	um	den Bodensee / den Dom (herum)	fahren

Ein Abschied

14

Das lernst du

– Ein Problem beschreiben
– Vor- und Nachteile formulieren
– Über Geschenke sprechen
– Über eine Person sprechen/streiten

Seht euch die Bilder an. Was ist hier passiert?

Erfindet in Gruppen eine Geschichte zu den vier Bildern.

Ich muss euch was sagen. Ich bin im nächsten Schuljahr …

Was? Das gibt es doch gar nicht. Das finde ich …

die Kiste – Kisten packen – die Sachen packen – umziehen – der Umzug – die Party – das Abschiedsgeschenk – spannend – langweilig – die Freunde verlieren – neue Freunde finden – tolle Chance – Mist! – alles ist neu – Angst haben – traurig sein – glücklich sein – etwas Neues kennenlernen – Spaß machen – ätzend sein

Hört das Gespräch. Wer war nahe an der „wahren" Geschichte? 2.66

einhundertneunundzwanzig **129**

14 | Ein Abschied

1 Was ist los, Georg?

a Lies 1–5. Hör das Gespräch noch einmal und korrigiere die falschen Aussagen.

1. Georg ist ab nächster Woche nicht mehr in seiner Schule.
2. Sein Vater hat eine Arbeitsstelle im Ausland.
3. Georg findet es toll, dass er ins Ausland gehen kann.
4. Die Klasse will noch eine Abschiedsreise mit Georg machen.
5. Alle finden, dass es blöd ist, wenn man ins Ausland umzieht.

b Lest Georgs E-Mail. Fragt euch gegenseitig in der Klasse: *wer, wem, wohin, warum, was, wie* …?

Neue Mail ⇨ **Senden**

Hi, Jakob, ☹

weißt du schon, dass wir nach Russland gehen? Meine Mutter hat eine tolle Stelle in Moskau an der Universität. Das ist natürlich super für SIE, aber NICHT für mich! Mein Vater freut sich auch über diese Chance, sagt er. Ich ärgere mich total über meine Eltern. Können sie nicht noch auf meinen Schulabschluss warten? Ich habe so tolle Freunde hier, Ben, Paul, Halil und auch Lea. Und mein Fußballteam – wenn ich weggehe, gehöre ich nicht mehr zum Team. Dann machen sie alles ohne mich. Moskau ist so weit weg von hier, mehr als fünf Stunden mit dem Flugzeug. Ich weiß nicht, wie das gehen soll. Ich habe schon viel mit meinen Eltern über diese Probleme diskutiert, aber sie verstehen mich nicht. Sie sagen, ich soll mich für das Neue interessieren, soll optimistisch und offen sein. Aber ich bin traurig und wütend und kann mich über gar nichts mehr freuen.
Vielleicht kann ich zu euch ziehen? Dann bin ich nicht so weit weg von Frankfurt. Was hältst du von der Idee?
Antworte mir bitte schnell auf diese Mail! Ich brauche deine Hilfe!!!!
Georg ☹

c Verben mit Präpositionen – Lies die E-Mail noch einmal und suche die Präpositionen zu den Verben im *Denk nach*.

Denk nach

Antworte **auf** diese Mail!
   Verb + Präposition + Akkusativ

warten …
sich freuen …
sich ärgern …
antworten …
sich interessieren …
halten …
diskutieren **mit** jmd. (+ D) über etw. (+ A)

Mein Tipp: Die Präposition hat oft keine eigene Bedeutung. Du musst sie mit dem Verb lernen.

warten …
Ich warte … meine Freundin.

auf

d Sprecht zu zweit. A wählt einen Satzanfang und B findet den passenden Schluss.

1. Georg ärgert sich
2. Georgs Eltern interessieren sich
3. Georgs Vater freut sich
4. Georg diskutiert mit seinen Eltern
5. Georg hält nichts
6. Georg wartet
7. Jakob antwortet bestimmt schnell

a) auf die Mail von Georg.
b) für Russland.
c) über die gute Stelle.
d) über seine Sorgen.
e) auf eine Antwort von Jakob.
f) über den Umzug.
g) von einem Auslandsaufenthalt.

e Schreib Sätze über dich. Vergleicht eure Sätze in der Klasse.

Ich freue mich auf …, weil …
Ich ärgere mich über …
Ich warte auf …
Ich diskutiere mit meinen Eltern oft über …
Ich interessiere mich für …
Ich halte nichts von …, weil …

Ich freue mich auf die neue Smartisoftware 5.0., weil ich dann noch mehr Tipps geben kann.

2 Eine E-Mail schreiben

a Beantworte Georgs E-Mail. Berücksichtige die folgenden Punkte:
– Wie findest du die Situation von Georg?
– Was kann Georg machen?
– Wie kannst du Georg helfen? Wie kannst du ihn trösten?

*Lieber Georg,
ich kann verstehen, dass …*

b Korrigieren – Sammelt in der Klasse:
Auf welche Probleme muss man achten?

*– Wortstellung: Stehen die Verben richtig?
– Verbformen …
– …*

c Arbeitet zu zweit. Tauscht eure E-Mails aus und korrigiert sie.

3 Ins Ausland gehen

a Lest den Text und ergänzt die fehlenden Wörter für 1–6.

Länder – Gründe – Jahr – 81 Mio. Einwohnern – Löhne – Menschen

b Sammelt in der Klasse. Wie viele Pro- und Kontra-Argumente findet ihr?

Auswanderer und Zuwanderer

Im **1** 2013 sind fast 800.000 Menschen von Deutschland weggezogen. Die **2** sind meistens bessere Berufsaussichten, höhere **3**, gute Kinderbetreuung oder Rückkehr in die Heimat. Die beliebtesten **4** für deutsche Auswanderer sind die Schweiz, Österreich und die USA. Allerdings sind 2012 auch über eine Million **5** nach Deutschland gekommen. Über 15 % von den **6** Deutschlands sind Menschen mit Migrationsgeschichte. Quelle: Statista 2014

Ein Vorteil ist, dass man andere Menschen trifft.
Es ist gut, wenn man eine neue Sprache lernt.
Ich finde, das ist eine echte Chance, weil …
Für mich ist ein Leben im Ausland nicht interessant, weil …

Ein Nachteil ist, dass …
Ich möchte nicht …, denn …
Es ist traurig, wenn …
Am Anfang ist es bestimmt …, aber später …
Aber ich glaube, dass …

c Und bei euch? Wandern mehr Menschen aus oder ein? Wie war es vor 10 und vor 50 Jahren?

14 | Ein Abschied

4 Abschiedsgeschenke für Georg

a Georgs Freunde diskutieren über ein Geschenk. Hör zu und notiere: richtig oder falsch.
1. Sie wollen ihm ein Wörterbuch schenken.
2. Sie wollen ihm alle zusammen ein Buch über Russland schenken.
3. Zwei treffen sich am Nachmittag in der Stadt und kaufen ein Buch.
4. Georg mag die Musik von den „Prinzen".
5. Sie brauchen noch mehr Geschenkideen.

b Was schenken ihm seine Freunde? Schreib Sätze.
1. Tom schenkt seinem Freund Georg …
2. Sylvie und Marie schenken ihm …
3. Alle zusammen …

c Wiederholung. Wem? – Ergänze. Es gibt mehrere Möglichkeiten.
dir – uns – seinen Freunden – Georg – seiner Freundin – meiner Mutter – …

1. Ich kann [?] die Kopfhörer für 20 Euro verkaufen.
2. Mein Bruder leiht [?] morgen sein Moped.
3. Bitte bring [?] Kaugummis mit.
4. Meine Mutter erzählt [?] eine spannende Geschichte.
5. Er schreibt [?] eine Kurznachricht.
6. Ich repariere [?] das Fahrrad.
7. Ich habe [?] einen Ring gekauft.
8. Georgs Mutter kauft [?] einen neuen Computer.

> *Ich kann dir die Kopfhörer für 20 Euro verkaufen.*

> *Ich kann ihm …*

Dativ vor Akkusativ

	Wem?	Was?
	Person	Sache
Sie schenken	ihm	ein T-Shirt.
Er leiht	seinem Freund	sein Tablet.

d Geschenke – Wem kann man was schenken?

Gruppe A
Geschenke für den kleinen
Bruder / die kleine Schwester

Gruppe B
Geschenke für den besten
Freund / die beste Freundin

Gruppe C
Geschenke für Mutter/Vater

> *Wir schenken unserer kleinen Schwester eine Puppe.*

> *Wir schenken unseren Eltern …*

5 Vielen Dank für die Party

a Hör das Lied von Samuel Reißen. Welche Fotos passen und warum?

b Lest den Text. Wohin passen die grünen Textzeilen 1–5?

Vielen Dank für die Party.
Auf Wiedersehn!
[a]
aber ich muss gehen.

Ich bin hier geboren worden und
wir sind zusammen jeden Tag zur Schule gegangen.
[b]
Doch jetzt bleibt uns leider nur wenig Zeit.

Denn
bald schon ziehen meine Eltern weg,
weinen und meckern hat keinen Zweck,
[c]
so viele nette Menschen meine Freunde sind.
Also hört mir zu:
[d]
und glücklich sein, dass es uns alle gibt!

Vielen Dank für die Party.
Auf Wiedersehn!
[e]
aber ich muss gehen.

1. Lasst uns feiern bis morgen früh.
2. Es war schön, euch immer wieder zu sehn,
3. Bis bald! Es war schön,
4. ich bin froh, dass ich euch alle kenn,
5. Bis bald! Es war schön,

c Hört das Lied und singt mit.

d Sprechen üben – Du hörst drei Äußerungen je zweimal.
Wie sprechen die Jugendlichen: traurig, sachlich oder fröhlich?

1 sachlich

14 | Ein Abschied

6 Der will ja nicht mit uns reden.

a Georg, Rico und Siri – Lies den Anfang von der Geschichte. Wer sind die drei Personen? Notiere zu jeder Person zwei Sätze. Vergleicht in der Klasse.

Seit drei Wochen ist Georg in seiner neuen Schule. Die Jungs und Mädchen in seiner Klasse sind ganz o.k. Die meisten kennen sich seit dem Kindergarten. Sie
5 haben schon ihre Freunde und am Wochenende machen sie fast immer etwas mit der Familie.

Vorne links am Fenster sitzt Siri. Georg findet sie sehr nett. Sie lacht gern und
10 dann findet Georg sie besonders nett. Aber Siri beachtet ihn gar nicht. Sie schaut immer zu Rico.

Rico ist der „King". Ohne ihn geht nichts in der Klasse. Keiner tut etwas, was
15 Rico nicht passt. Rico ist ein Jahr älter als die anderen und ein Super-Sportler. Er sieht ganz gut aus, aber nicht so gut, wie er glaubt, findet Georg. Georg findet Rico ätzend. Was findet Siri an so einem Typ?
20 Georg versteht es nicht.

b Der Streit – Lies die Worterklärungen 1–8. Lies dann den Text und ordne die grünen Wörter und Ausdrücke den Worterklärungen zu.

In einer Pause gerät Rico mit Alex aneinander, als Georg gerade neben Siri auf dem Pausenhof steht. „Bin gespannt, wer das gewinnt", sagt Georg zu Siri. „Mir egal", antwortet Siri, „ich finde diese Streitereien von den Zwerg-Machos sowieso blöd." „Ich denke, du magst Rico?", rutscht es Georg raus. „Wie kommst du denn darauf?", gibt Siri zurück.
25 Frau Hackstein geht dazwischen. Rico und Alex schäumen vor Wut, Georg lächelt zufrieden. Vielleicht hat er doch eine Chance bei Siri? Rico schaut zu Siri und bemerkt Georg.

1. *hier:* antworten
2. sich streiten, miteinander kämpfen
3. Ich möchte sehr gerne wissen …
4. Schimpfwort: Jungs spielen die starken Männer.
5. *hier:* sehen
6. Man will etwas gar nicht sagen, aber man sagt es plötzlich.
7. *hier:* Zwei kämpfen und eine Person trennt sie.
8. sehr, sehr wütend sein

c Probleme – Lies bis Zeile 35, ordne die Bilder zu. Erzähle, was auf den Bildern passiert.

Am nächsten Tag fehlt morgens der Stuhl an Georgs Platz. Georg wundert sich, dann sieht er seinen Stuhl, er hängt über der Tafel. Alle lachen, als er ihn runterholt, Siri auch.

Am Tag danach, in der Mathestunde, sucht Herr Behrendt die Tafelstifte. Sie sind weg. Herr Behrendt ist wütend und sucht in der Klasse. Sie liegen unter Georgs Tisch und Georg bekommt eine Strafarbeit. Rico grinst, Georg sagt nichts.

Und so geht es weiter. Manche in der Klasse finden das lustig und keiner tut etwas. Georg ist ratlos, traurig und wütend. Manchmal sieht er auch Siri mit den anderen lachen und er traut sich nicht mehr, mit ihr zu sprechen. Auch mit den anderen will er nichts mehr zu tun haben. Gott sei Dank hat er noch seine Gitarre. Beim Musikmachen vergisst er alles.

d Lies die Geschichte noch einmal von Anfang bis Zeile 35. Warum hat Georg Probleme?

e Ein Riesenerfolg – Lies das Ende von der Geschichte. Was ist passiert? Sammelt Ideen in Gruppen.
Vier Wochen später hat die Band beim Schulfest ihren ersten Auftritt mit ihrem neuen Gitarristen Georg. Ein Riesenerfolg.

f „Ich habe ja nichts gegen ihn." – Wer sagt was? Hör den Mittelteil von der Geschichte und ordne die Sprechblasen 1–4 den Personen zu.

1 Ich weiß gar nicht, was du gegen den hast.

2 Eigentlich finde ich ihn auch nicht blöd. Ich glaube, er spielt auch Gitarre. Wir brauchen noch einen Gitarristen für unsere Band.

3 Der glaubt, dass er was Besseres ist.

4 Ah, so ist das. Das ist so ein Quatsch!

5 Worum geht es denn?

6 Mit uns will der doch nichts zu tun haben, nur mit dir.

7 Du, Rico will mit dir reden.

Projekt

Jemand ist neu bei euch. Wie könnt ihr helfen? Ihr kennt die Listen „FAQ" (frequently asked questions / häufig gestellte Fragen).
  a Macht zu zweit Listen mit je 5 Fragen zum Leben bei euch.
  b Wählt in der Klasse 15 Fragen aus.
  c Schreibt in Gruppen Texte zu euren Fragen.
  d Stellt eure Informationstexte in der Klasse vor.

Mögliche Themen: Schule, Freizeit, Essen, Freunde, Sport, Tourismus, Regeln für Jugendliche, Verbote, Pflichten …
Wie ist das Klima? – Wo kann man …? – Wo treffen sich …? – Was macht man, wenn …?
Wer hilft mir, wenn …? – Was muss ich tun, dass …? – Kann man im Winter/Sommer …? …

14 | Das kannst du

Ein Problem beschreiben
Ich ärgere mich über meine Eltern.
Ich weiß nicht, wie das gehen soll.
Ich habe schon viel mit meinen Eltern über diese Probleme diskutiert, aber sie verstehen mich nicht.
Ich bin traurig und wütend und kann mich über gar nichts mehr freuen.

Vor- und Nachteile formulieren
Ein Vorteil ist, dass man …   Ein Nachteil ist, dass man …
Es ist gut, wenn man …   Es ist traurig, wenn …
Ich finde, das ist eine echte Chance, weil man …   Man muss neue Freunde finden.

Über Geschenke sprechen
Was wollen wir ihm schenken?
Wir können ihm einen Basketball schenken.
Georgs Tante hat ihm zum Abschied einen tollen Kopfhörer geschenkt.

Über eine Person sprechen/streiten
Ich weiß gar nicht, was du gegen den hast.   Ich habe ja nichts gegen ihn.
Der redet ja nicht mit mir.   Ah, so ist das. Das ist so ein Quatsch!
Der glaubt, dass er was Besseres ist.   Du, … will mit dir reden.
Mit uns will der doch nichts zu tun haben.

Außerdem kannst du …
… einen Lied über Geschenke verstehen.
… eine E-Mail mit Ratschlägen schreiben.
… eine Geschichte verstehen.

Grammatik   kurz und bündig

Verben mit Präpositionen

sich ärgern über (+ A)	Georg ärgert sich über den Umzug.
sich freuen über (+ A)	Sie freuen sich über die tolle Chance.
diskutieren über (+ A)	Sie haben viel über Georgs Sorgen diskutiert.
warten auf (+ A)	Er wartet auf eine Antwort.
antworten auf (+ A)	Jakob soll schnell auf die E-Mail antworten.
sich interessieren für (+ A)	Er interessiert sich für Fußball.
halten von (+ A + D)	Georg hält nichts von einem Auslandsaufenthalt.
träumen von (+D)	Georg träumt von seinen alten Freunden.

Verben mit zwei Ergänzungen

	Person (Wem?)	Sache (Was?)	
Ich schenke	ihm	ein Buch.	
Er schenkt	seiner Freundin	einen Ring	zum Geburtstag.

Die Person steht meistens im Dativ und die Sache im Akkusativ.

Einige Verben mit zwei Ergänzungen: bringen, erklären, erzählen, holen, kaufen, leihen, mitbringen, reparieren, schenken, schicken, schreiben, verkaufen, wünschen, zeigen …

GROSSE PAUSE | P4

Mündliche Prüfung Fit A2

Teil 1

Arbeitet zu zweit, jede/r nimmt drei Karten. Mit den Wörtern auf der Karte stellt ihr Fragen. Euer Partner / Eure Partnerin antwortet.

- Geschwister?
- Geburtstag?
- Land?
- Wohnort?
- Lieblingsfach?
- Hobby?
- Freunde?
- Sprachen?

Teil 2

Wir möchten dich und dein Leben näher kennenlernen. Was machst du in den Ferien? Erzähle.

- zu Hause bleiben
- Freunde/Verwandte besuchen
- wegfahren
- …?

Teil 3

Ihr wollt eine Klassenparty machen. Ihr müsst Essen einkaufen. Wann könnt ihr euch treffen?

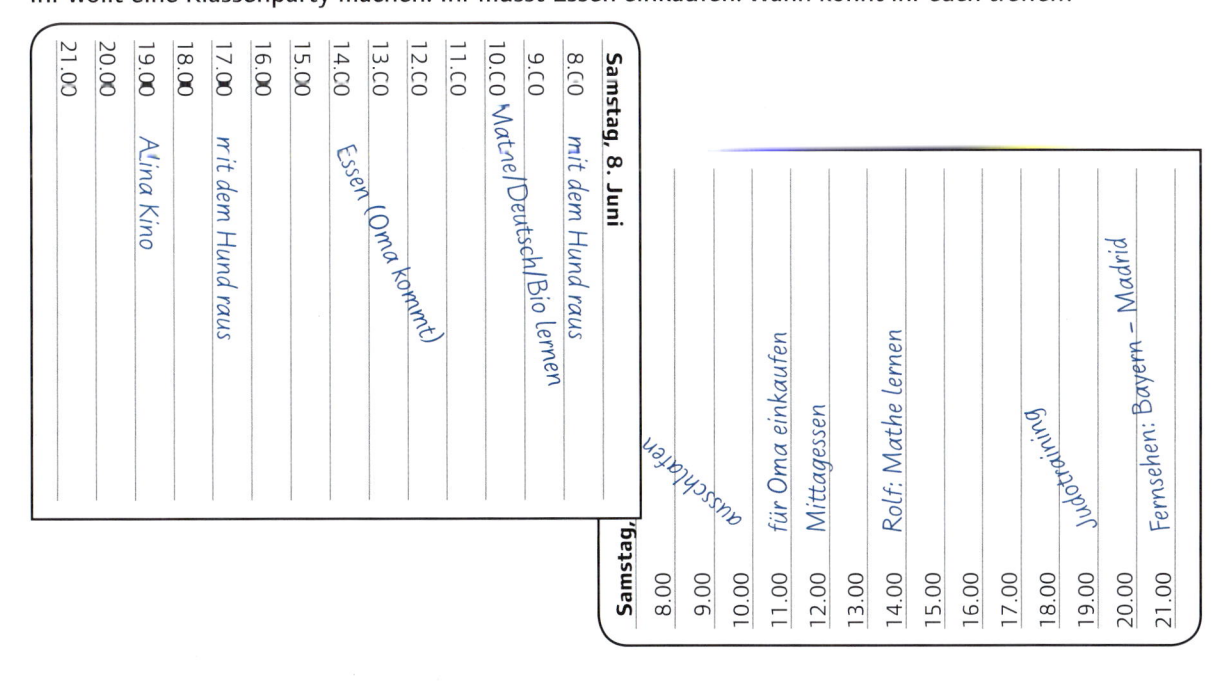

Samstag, 8. Juni
- 8.00 mit dem Hund raus
- 9.00
- 10.00 Mathe/Deutsch/Bio lernen
- 11.00
- 12.00
- 13.00
- 14.00 Essen (Oma kommt)
- 15.00
- 16.00
- 17.00 mit dem Hund raus
- 18.00
- 19.00 Alina Kino
- 20.00
- 21.00

Samstag,
- 8.00 ausschlafen
- 9.00
- 10.00
- 11.00 für Oma einkaufen
- 12.00 Mittagessen
- 13.00
- 14.00 Rolf: Mathe lernen
- 15.00
- 16.00
- 17.00
- 18.00 Judotraining
- 19.00
- 20.00
- 21.00 Fernsehen: Bayern – Madrid

einhundertsiebenunddreißig

P4 | GROSSE PAUSE

Mündliche Prüfung A2 – DSD

Teil 1: Gespräch
Training für Teil 1
– Arbeitet in Gruppen und verteilt die Themen.
– Jede Gruppe schreibt zu ihren Themen mindestens 5 Fragen.

Schultag	Kleidung in der Schule	Wochenende	Ferien	Geburtstag	Familienfest
Wohnung Haus Zimmer	Wohnort Straße	Freizeit	Musik-instrument	Sport	Hobby
Lieblingstier Haustier	Lieblingsessen	Familie	Freund Freundin	Beruf in der Zukunft	Schule

– Tauscht nun die Gruppen und arbeitet dann zu zweit. A fragt B und B fragt A zu jeweils mindestens 2 von den Themen.

Schultag
Wie kommst du zur Schule?
Wann beginnt dein Unterricht?
Welche Schulfächer hast du?

Teil 2: Eine Präsentation
Training für die Präsentation
– Sammelt Themen für eine Präsentation.

Ich möchte mein Hobby präsentieren: Kitesurfen.

Ich spiele Klavier. Ich möchte über Musik sprechen.

Wir haben über das Thema „Umwelt" gesprochen. Ich möchte Tipps zum „Energiesparen" vorstellen.

– Eine Präsentation vorbereiten. Arbeitet zu zweit. Lest die Schritte und bringt sie in eine sinnvolle Reihenfolge.

den Text korrigieren   den Text laut lesen   Stichworte notieren
   den Text schreiben   Stichworte auswählen
      Informationen sammeln
ein Plakat / eine PP-Präsentation machen   Stichworte aus dem Text nehmen   ein Thema auswählen
die Präsentation sprechen   eine Gliederung machen   passende Redemittel sammeln

Präsentation

…

…

GROSSE PAUSE | P4

Literatur

Die Geschichte von der Loreley ist in Deutschland und in der ganzen Welt bekannt. Jedes Jahr kommen viele Tausend Touristen zum Loreleyfelsen. Dort hören sie die Sage von der Loreley und das Lied von der Loreley mit dem Text von Heinrich Heine.

Das mittlere Rheintal ist eng und gefährlich. Der Sage nach hat ein blondes, langhaariges Mädchen mit dem Namen Loreley auf dem Felsen am Rhein gesessen, ihr goldenes Haar gekämmt und dabei gesungen. Sie hatte eine wunderschöne Stimme. Ihr Aussehen und der Gesang waren so schön, dass die Schiffer auf dem Rhein zur Loreley hinaufsahen und nicht auf die gefährlichen Stellen im Rhein aufpassten. Viele Schiffe fuhren auf die Felsen im Fluss und sanken. Viele Schiffer verloren ihr Leben.

Heinrich Heine

Ich weiß nicht was soll es bedeuten,
Dass ich so traurig bin;
Ein Märchen aus alten Zeiten,
Das kommt mir nicht aus dem Sinn[1].

Die Luft ist kühl und es dunkelt
Und ruhig fließt der Rhein;
Der Gipfel des Berges funkelt
Im Abendsonnenschein.

Die schönste Jungfrau sitzet
Dort oben wunderbar,
Ihr goldnes Geschmeide blitzet[2],
Sie kämmt ihr goldenes Haar.

Sie kämmt es mit goldenem Kamme
Und singt ein Lied dabei;
Das hat eine wundersame,
Gewaltige Melodei[3].

Den Schiffer im kleinen Schiffe
Ergreift es mit wildem Weh[4];
Er schaut nicht die Felsenriffe[5],
Er schaut nur hinauf in die Höh.

Ich glaube, die Wellen verschlingen
Am Ende Schiffer und Kahn[6];
Und das hat mit ihrem Singen
Die Lore-Ley getan.

[1] ich muss immer daran denken [2] ihr Goldschmuck funkelt/leuchtet [3] tolles Lied [4] großer Schmerz [5] Felsen/Steine im Fluss [6] das Schiff sinkt und der Schiffer verliert sein Leben

einhundertneununddreißig

V2 | Video – Berlin, Berlin / Das Referat

Berlin, Berlin

1 Vor dem Sehen

Was denkt ihr, welche Sehenswürdigkeiten sieht man in einem Clip über Berlin?

2 Beim Sehen

a Welche Sehenswürdigkeiten seht ihr tatsächlich im Clip? Notiert.

b Lest die Fragen. Seht dann das Video noch einmal an. Sucht Informationen zu den Fragen.
1. Wie viele Pferde sind auf dem Brandenburger Tor?
2. Welche Farbe hat die S-Bahn?
3. Welche Bilder sind auf der Mauer?
4. Wo kann man Stars auf der Berlinale sehen?
5. Was machen die Leute in der Kuppel?
6. Wie viel Uhr ist es auf der Uhr von der Gedächtniskirche?
7. Welche Farbe haben die Taxis?
8. Wie sieht die Berliner Currywurst aus?

3 Nach dem Sehen

Was ist in eurer Stadt wichtig? Sammelt Fotos und stellt Sehenswürdigkeiten vor.
Übt die Sätze zu den Sehenswürdigkeiten und sprecht wie ein Fremdenführer.
Ihr könntet die Präsentation auch auf Smartphone aufnehmen und in der Klasse vorführen.

Das Referat

1 Vor dem Sehen

a Welche Wörter passen zu den Fotos?

das Öl – der Wind – die Sonne –
die Biomasse – die Stromleitung –
das Wasser – das Kraftwerk –
die Kohle – Energie speichern

b Welche Energiesorten sind erneuerbar, welche nicht? Mach eine Tabelle.

VIDEO – Das Referat / Fahren wir nach Bonn?

2 Beim Sehen

Kiki und Jan müssen für die Schule ein Referat zum Thema „Energie aus Windkraft, Wasserkraft und Atomkraft" machen. Sie brauchen Informationen und fahren zur Mediathek. Dort sehen sie ein Video.

a Seht den Videoclip an. Bekommen Kiki und Jan Informationen für alle drei Teile vom Referat?

b Seht die Fotos an und seht dann den Videoclip noch einmal. Welche Informationen bekommt ihr zu den Bildern?

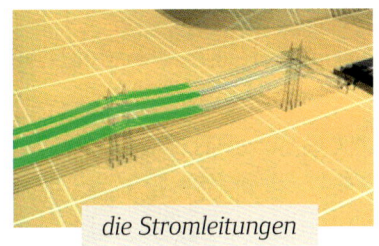

das Kombikraftwerk — das Kohlekraftwerk — der Gletscher/Eisberg

die Windräder — die Stromleitungen — der Wasserspeicher

3 Nach dem Sehen

Woher kommt die Energie, die ihr in der Schule oder zu Hause verwendet? Recherchiert und präsentiert eure Ergebnisse in der Klasse.

Fahren wir nach Bonn?

1 Vor dem Sehen

Mit der Bahn fahren. Sammelt wichtige Wörter.

die Fahrkarte — (mit der Bahn fahren) — der Sparpreis

2 Beim Sehen

1. Wo sind Kiki und Jan?
2. Was wollen sie am Wochenende machen?
3. Mit wem telefoniert Kiki?
4. Wann fahren Kiki und Jan nach Bonn? (Tag und Uhrzeit)

3 Nach dem Sehen

Was sagt die Mutter vielleicht am Telefon? Schreibt und spielt einen Dialog.

V2 | VIDEO – Das Rheinland

Das Rheinland

1 Vor dem Sehen
Was wisst ihr über den Rhein? Sammelt in der Klasse.

2 Beim Sehen
Teil 1: Am Bahnhof – Schaut den Videoclip und beantwortet die Fragen.

1. Warum benutzen Kiki und Jan nicht die Rolltreppe?
2. Was steht auf der Anzeigetafel?
3. Warum sitzen sie auf der Bank und warten?

Teil 2: Burgen am Rhein

Lest den Text und seht dann das Video und notiert Informationen zu den Fotos.

Am Rhein zwischen Rüdesheim und Koblenz gibt es viele Burgen. 1975 hat die Familie Hecher die Burg Rheinstein gekauft. Markus Hecher war damals 16 Jahre alt.

Katharina Hecher, die jüngste Schwester von Markus, ist auf der Burg geboren und aufgewachsen.

Internet-Suchwort: Rheinstein

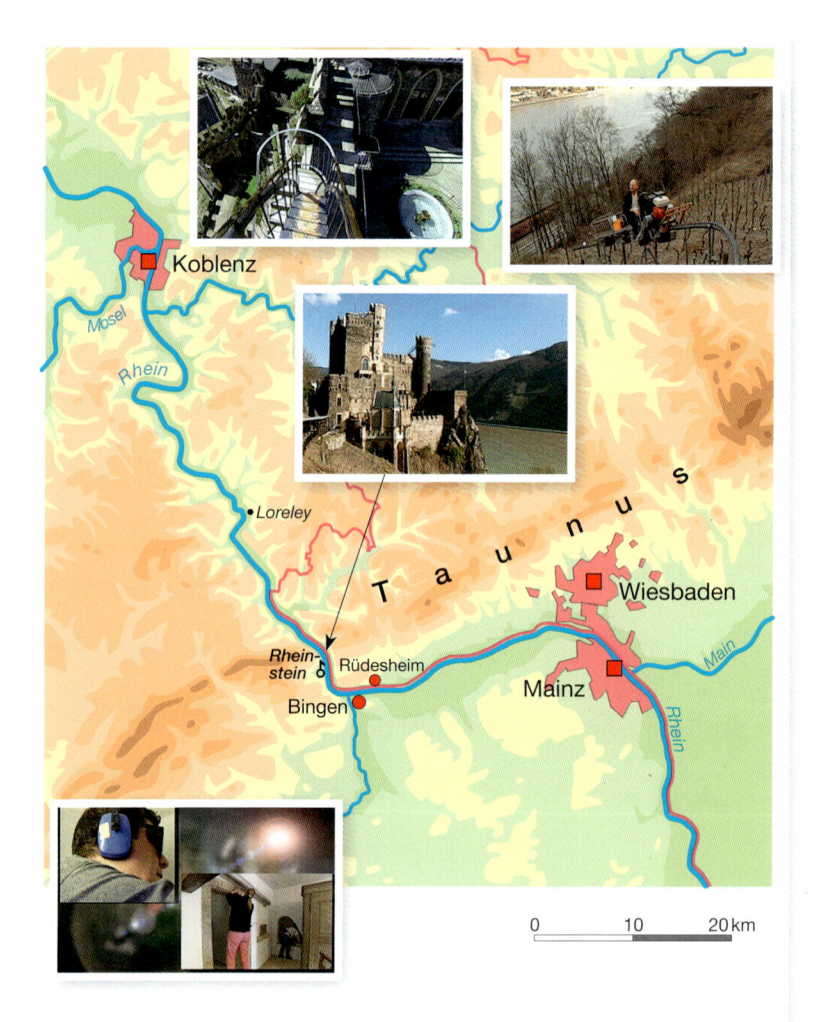

3 Nach dem Sehen
Möchtet ihr auf der Burg Rheinstein leben?
Was sind die Vorteile und was sind die Nachteile?

Wortliste

Alphabetische Wortliste

Die alphabetische Wortliste enthält alle neuen Wörter von prima plus – Leben in Deutschland A2 mit Angabe der Einheit und der Aufgabe, wo sie zum ersten Mal vorkommen (1/8a).

Fett gedruckte Wörter sind der Lernwortschatz. Bei den Nomen stehen der Artikel und die Pluralform (Anfang, der, "-e). Manche Nomen kommen nicht oder nur selten im Plural vor. Hier steht „nur Sg." Manche Nomen kommen nicht oder nur selten im Singular vor. Hier steht „nur Pl."

Bei Verben mit Vokalwechsel und bei unregelmäßigen Verben steht neben dem Infinitiv auch die 3. Person Sg. Präsens und das Partizip (behalten, behält, behalten). Bei den trennbaren Verben sind die Präfixe kursiv markiert (*auf*hören). Ein . oder ein _ unter dem Wort zeigt den Wortakzent: _ langer Vokal oder . kurzer Vokal (Ahnung, Ampel).

Der Lernwortschatz steht auch auf der Seite „Deine Wörter" im Arbeitsbuch.

A

Abendessen, das, –   12/8a
Abenteuer, das, –
Abfahrt, die, -en   13/9a
Abfahrtstag, der, -e   11/8c
abgeben, gibt ab, abgegeben   4/1a
Abgeordnete, der/die, -n   11/8a
Abitur, das, -e   5/1a
abschicken   4/AT
Abschiedsgeschenk, das, -e   14/AT
Abschiedsreise, die, -n   14/1a
abschließen, schließt ab, abgeschlossen   7/7c
Absicht, die, -en   1/3b
Accessoire, das, -s   6/6b
Ach!   11/8a
Ach nee.   10/10a
ach so   3/3a
achten auf   5/6b
Achterbahn, die, -en   9/1a
Affenhitze heute!   12/2b
aggressiv   5/9c
Ahnung, die, -en (Ahnung haben)   10/11a
Aktion, die, -en   12/6a
Alkohol, der, nur Sg.   9/1a
allerdings   14/3a
Alpenregion, die, -en   12/4d
Altersklasse, die, -n   8/9a
altmodisch   6/7
Altstadtfest, das, -e   9/7a
am Meer   12/1c
Ampel, die, -n   11/4a
anbieten, bietet an, angeboten   5/1a
anbrüllen   7/7c
anders   3/9a
aneinander   14/6b
Anfang, der, "-e   7/4a
angeben, gibt an, angegeben   12/6a
Angebot, das, -e   6/6b
Angst, die, "-e   2/9a
Ankunft, die, nur Sg.   13/9a

anmachen   4/1a
anpassen   2/9c
anrufen   3/4
anschalten   4/1a
ansehen, sieht an, angesehen   4/3a
antworten auf   14/1
anziehen, zieht an, angezogen   9/6a
App, die, -s   4/1a
Arbeit, die, -en   2/3b
Arbeitsstelle, die, -n   14/1a
ärgern   4/10a
sich ärgern über   14/1d
Arktis, die, nur Sg.   12/4a
Artikel, der, –   12/10a
Atomphysiker, der, –   7/3a
Attraktion, die, -en   9/7a
ätzend   5/9a
*auf*bleiben, bleibt auf, aufgeblieben   1/3a
auf dem Land   12/1c
*auf*geben, gibt auf, aufgegeben   2/9d
*auf*hören   2/6a
*auf*machen   7/7c
Aufnahmeprüfung, die, -en   7/6b
*auf*passen   1/4a
Aufsatz, der, "-e   4/1a
aufstellen   8/8a
sich aufteilen   11/8a
*auf*treten, tritt auf, aufgetreten   11/3a
Auftritt, der, -e   7/1a
ausdrucken   4/1a
Ausgabe, die, -n   6/10c
ausgeben, gibt aus, ausgegeben   6/10b
Ausland, das, nur Sg.   2/AT
Auslandsaufenthalt, der, -e   14/1d
ausleihen, leiht aus, ausgeliehen   5/9d
*aus*machen   4/1a
ausprobieren   4/1a

*aus*schalten   4/3a
*aus*sehen, sieht aus, ausgesehen   1/3a
außer   12/6a
Äußerung, die, -en   12/10a
Austausch, der, -e   5/1c
Austausch, der, -e   10/3a
Auswanderer, der, –   14/3a
Ausweis, der, -e   10/7b
auswendig   8/9a
auswendig lernen   8/4a
Autostunde, die, -n   1/3b
Auweia!   8/5c

B

Baby, das, -s   7/3b
Bad, das, "-er   4/1a
baden   12/6a
Badezimmer, das, –   4/1c
Bahn, die, nur Sg.   1/3b
BahnCard, die, -s   13/7b
Balkon, der, -e   10/5a
Ballerinas, die, nur Pl.   6/6b
Banane, die, -n   3/7d
Band, die, -s (Musikgruppe)   9/3b
Bau, der, Bauten   13/1a
bauen   12/Projekt
Baustelle, die, -n   2/8b
beachten   14/6a
sich beeilen   5/8c
Begleiter, der, –   11/8a
begrenzt   13/7b
begrüßen   1/3a
behalten, behält, behalten   11/5a
behindert   5/1b
bekannt   8/8a
bellen   7/7a
bemerken   14/6b
Bemerkung, die, -en   13/7b
benutzen   4/2a
Benzin, das, nur Sg.   6/10b
bereit   7/4b

Wortliste

Berg, der, -e 12/AT
Bergführer, der, – 1/3a
Berggasthaus, das, "-er 1/3a
Berufsaussichten, die, nur Pl. 14/3a
Berufsschule, die, -n 5/1a
Berufswunsch, der, "-e 2/6a
beruhigen 5/5a
Beruhigung, die, nur Sg. 10/3a
berühmt sein 2/AT
beschimpfen 5/9c
besetzt 5/5a
Besichtigung, die, -en 11/8a
besondere 5/1a
besprechen, bespricht, besprochen 10/3a
Beste, der/die/das, -n 9/2a
bestimmt 3/9a
bestimmte 8/3a
Betriebspraktikum, das, Betriebspraktika 2/8a
bewölkt 12/2a
Bezahlung, die, -en 6/10b
Bier, das, nur Sg. 9/1a
Bis bald! 9/1a
bisschen 1/2b
bitten, bittet, gebeten 3/1b
Bitte nicht! 13/3c
blaugrau 6/5a
blind 5/1a
Blindenschrift, die, -en 5/1a
Blindenschule, die, -n 5/3a
Blindheit, die, nur Sg. 5/2
blitzen 1/2a
blöde 7/7c
bloß 5/9a
Blu-Ray, die, -s 4/4
Bluse, die, -n 6/6d
Bordrestaurant, das, -s 13/7b
Border-Collie, der, -s 7/7c
böse 3/1a
braten, brät, gebraten 9/2a
Braut, die, "-e 9/4a
Bräutigam, der, -e 9/4a
brechen, bricht, gebrochen 8/7c
Brief, der, -e 4/3a
Brieffreundin, die, -nen 13/4b
Buchung, die, -en 13/7b
Bund, der, "-e 12/6a
Bundesjugendspiele, die, nur Pl. 8/3a
Bundeskanzler, der, – 7/3a
Bundesland, das, "-er 12/Projekt
Bundestag, der, nur Sg. 11/AT
Burg, die, -en 13/1a
Busbahnhof, der, "-e 10/9d
Busfahrt, die, -en 11/8a

Bühne, die, -n 11/3a

C

Cap, die, -s 6/6b
Castingshow, die, -s 4/7a
Chaos, das, nur Sg. 12/5a
checken 4/1a
Chef, der, -s 12/5a
Chor, der, "-e 5/1a
Club, der, -s 8/8a
Clubszene, die, -n 11/3a
Comicserie, die, -n 4/7a
Computerproblem, das, -e 2/6a
computersüchtig 4/10a

D

dabei sein 9/1a
Dach, das, "-er 13/1a
dafür 6/10b
dagegen 13/3c
Dame, die, -n 6/6b
damit 2/6c
danach 1/3a
danken 3/10a
daran 9/3b
dass 2/AT
Datei, die, -en 4/AT
Datum, das, Daten 7/2c
Dauer, die, nur Sg. 13/7b
dauernd 4/10a
dazwischen 14/6b
denken, denkt, gedacht 1/1g
Denkmal, das, "-er 11/8a
denn 4/1a
Designer, der, – 11/1a
Designerin, die, -nen 11/1a
Deutschlandbesuch, der, -e 9/1a
deutschsprachig 9/4c
direkt 11/8a
Diskussion, die, -en 9/7a
diskutieren 9/7a
diskutieren über 14/1c
DJ, der, -s 11/3a
doch 5/8c
Dom, der, -e 13/1a
donnern 1/2a
doof 7/7c
dorthin 13/4b
drauf sein 3/12a
draußen 2/3b
Dreizimmerwohnung, die, -en 7/7c
drinnen 2/3b
drittgrößte 13/1a
drüben 11/6a
dumm 3/5a
dunkel 4/1a

Dunkelheit, die, -en 10/11a
durch 1/3a
dürfen, darf, gedurft/dürfen 4/2b
Dusche, die, -n 5/8c
DVD, die, -s 4/4

E

eben 5/8c
echt cool 1/3b
echt gut 9/3b
Ehrenurkunde, die, -n 8/3a
ehrlich 3/5a
ein bisschen 1/2b
einblenden 13/7b
Eindruck, der, "-e 12/10a
einfallen, fällt ein, eingefallen 4/1a
Eingang, der, "-e 9/1a
Einkommen, das, – 6/10b
einladen, lädt ein, eingeladen 9/4c
einpacken 1/3b
einsam 5/5b
Einsatz, der, "-e 8/8a
einsteigen, steig ein, eingestiegen 8/8a
eintragen, trägt ein, eingetragen 13/7b
Eintritt frei 9/7a
Einverstanden. 9/8e
einverstanden sein 10/10a
Einwohner, der, – 1/3b
einzig 5/1a
Eisbär, der, -en 12/4a
eisfrei 12/4a
Eishockeyspiel, das, -e 3/AT
Elektriker, der, – 2/3a
Elektrikerin, die, -nen 2/3a
Elektrikerlehre, die, nur Sg. 2/8b
elektrisch 4/1a
Elektrogerät, das, -e 12/6a
Endspiel, das, -e 8/8a
Endung, die, -en 6/8a
Energie, die, -n 12/4e
Energiesparen, das, nur Sg. 12/6a
Energiesparlampe, die, -n 12/6a
entfernt 1/3b
entgegen 7/7c
entscheidend 2/9d
Entschuldige! 8/5c
sich entschuldigen 5/9c
entwerfen, entwirft, entworfen 11/1a
entwickeln 11/8a
Entwurf, der, "-e 9/1a

Wortliste

Erdgeschoss, das, -e 1/6
Erdöl, das, nur Sg. 12/9a
Erfahrung, die, -en 10/4a
erfolgreich 8/8a
ergänzen 9/7a
Ergebnis, das, -se 8/7e
erklären 2/3b
erlauben 4/1a
Ermäßigung, die, -en 11/9c
erreichen 8/3a
Ersparnis, das, -se 12/6a
erwachsen 3/11
Erzieher, der, – 2/3a
Erzieherin, die, -nen 2/3a
EuroCity, der, -s 13/9a
europäisch 5/1a
Europäische Union 4/1a
Europapark, der, -s 13/3c

F

Fabrik, die, -en 13/1b
Fach, das, "-er 5/1a
Fachoberschule, die, -n 5/1a
Fähigkeit, die, -en 5/1a
Fahrkarte, die, -n 11/7a
Fahrradmitnahme, die, -n 13/7b
Fahrradweg, der, -e 13/1a
Fahrradwerkstatt, die, "-en 12/Projekt
Fahrt, die, -en 13/4a
fantastisch 1/3a
Fasching, der, nur Sg. 13/1a
Fasnacht, die, nur Sg. 9/Projekt
fast 4/7d
fehlen 11/8a
Fehler, der, – 10/3a
Feier, die, -n 9/4c
Felsen, der, – 1/3b
Fernsehsender, der, – 4/7d
Fernsehserie, die, -n 4/7a
Fernsehturm, der, "-e 10/11a
fertig 4/6a
fertigwerden, wird fertig, fertiggeworden 5/8c
Festival, das, -s 11/1b
feucht 12/AT
Feuersturm, der, "-e 12/4a
Feuerwerk, das, -e 9/7a
filmen 2/3b
Filmfest, das, -e 11/1a
Filmfestival, das, -s 11/1a
Filmindustrie, die, -n 11/1a
Filmstar, der, -s 11/1a
Fingerhakeln, das, nur Sg. 8/Projekt
Finger weg! 4/1a

fließen, fließt, geflossen 11/1a
Flusshafen, der, "– 13/1a
Folklorefest, das, -e 9/7a
Form, die, -en 6/5a
foulen 8/7c
Free-Fall-Tower, der, – 9/1a
Freizeitpark, der, -s 13/3c
fremd 11/7a
sich freuen 5/5a
sich freuen über 14/1b
Freundschaft, die, -en 3/AT
frisch 7/7c
Friseur, der, -e 2/3a
Friseurin, die, -nen 2/3a
Frisur, die, -en 3/10a
fröhlich 3/5a
Frühlingsfest, das, -e 9/7a
Frühsommer, der, - 11/1a
Frust, der, nur Sg. 2/9b
frustriert 2/9c
sich fühlen 5/5a
führen 2/9b
Führerschein, der, -e 6/10b
Führung, die, -en 11/8a
Funkausstellung, die, -en 11/9a
funktionieren 2/9c
furchtbar 12/1d
Fußball spielen 5/1a
Fußballlegende, die, -n 8/8a
Fußballteam, das, -s 14/1b
Fußgängerzone, die, -n 13/1a

G

ganz (modal) 5/6d
Gang, der, "-e 13/7b
gar nicht 5/8c
Gärtner, der, – 2/3a
Gärtnerin, die, -nen 2/3a
Gas, das, -e 12/6a
Gastfamilie, die, -n 10/1b
Gastland, das, "-er 10/4a
Gastschwester, die, -n 10/4a
Gastvater, der, "-er 10/1b
gebrochen 8/7e
Geburtsdatum, das 10/4a
Gedächtnisweltmeisterschaft, die, -en 8/9a
gefährlich 12/AT
gefallen, gefällt, gefallen 2/6a
Gefühl, das, -e 2/9d
gegenseitig 5/5a
gehören 14/1b
gehören zu 11/1a
Gelegenheit, die, -en 9/7a
gemeinsam 5/5a
genauso wie 3/7b

gepunktet 6/5a
gerade 5/8c
geraten, gerät, geraten 14/6b
Geschafft! 10/11b
Geschenkidee, die, -n 14/4a
gespannt 14/6b
gestorben 11/8a
gestreift 6/5a
gesund 12/9b
geteilt 11/2b
getrennt 11/2b
Gewitter 1/2a
gigantisch 1/1b
Gipfel, der, – 1/3a
Gitarrist, der, -en 14/6e
glatt 6/5a
gleichzeitig 2/9c
Gleis, das, -e 10/9d
glücklich 2/AT
Gott sei Dank. 14/6c
googeln 4/4
Graffiti, das, -s 11/8a
Grenze, die, -n 11/2b
grinsen 14/6c
Großstadt, die, "-e 12/AT
Grund, der, "-e 14/3a
Gürtel 6/6b
Gute, das, nur Sg. 5/5a
guttun 4/1a
Gymnasium, das, Gymnasien 5/1a
Gymnastik, die, nur Sg. 3/5b

H

halbe 4/1a
Halbschuh, der, -e 6/6b
Halle, die, -n 8/1b
Halskette, die, -n 13/4a
halten, hält, gehalten 4/1a
halten von, hält von, gehalten von 14/1d
hart 2/9d
Hauptbahnhof, der, "-e 11/1a
Haupteingang, der, "-e 11/8a
Hauptstadt, die, "-e 1/3b
Hausarbeit, die, hier nur Sg. 5/5a
Hausschuh, der, -e 6/6b
heftig 5/5a
Heim, das, -e 5/1b
Heimat, die, -en 14/3a
Heimatstadt, die, "-e 11/3a
Heimweh, das, nur Sg. 10/11b
heiraten 7/6b
heiß 1/2a
heizen 12/9b
Heizung, die, -en 12/9b

einhundertfünfundvierzig

Wortliste

Hektar, der, – 12/4a
helfen, hilft, geholfen 6/9a
herrlich 12/2b
*herunter*laden, lädt *herunter*, *herunter*geladen 4/7d
heulen 7/7a
hierher 11/3a
Hilfe, die, -n 3/9a
hinauf 1/3a
*hin*fallen, fällt *hin*, *hin*gefallen 1/3b
*hin*legen 5/8c
hintereinander 8/8a
Hintergrund, der, "-e 12/AT
hin und zurück 13/7b
*hinunter*fahren, fährt *hinunter*, *hinunter*gefahren 8/8a
Hip-Hop, der, nur Sg. 3/7d
Hitze, die, nur Sg. 12/2a
*hoch*laden, lädt *hoch*, *hoch*geladen 4/3a
Hochzeit, die, -en 7/1a
Hockeyplatz, der, "-e 8/1b
hoffen 2/AT
hoffentlich 10/3a
höflich 11/9c
Höhepunkt, der, -e 9/3b
holen 5/8c
Homepage, die, -s 4/3a
Hörspiel, das, -e 6/10c
hundert 11/3a
Hüttenwirt, der, -e 1/3a

I

IC, der, -s 13/7b
ICE, der, -s 13/7a
ideal 10/4a
Idee , die, -n 1/3b
immer 5/9c
immer wenn 4/6a
Improvisationstheater, das, – 11/8a
Industrie, die, -n 13/1a
Industriestadt, die, "-e 13/1a
Informatik, die, nur Sg. 2/6a
Information, die, -en 4/6b
sich informieren 13/3b
Initiative, die, -n 12/Projekt
insgesamt 11/3a
intensiv 2/9b
Intercity, der, -s 13/7b
Intercity-Express, der, -e 13/7b
Interesse 7/AT
sich interessieren für 14/1b
intern 2/9a
Internat, das, -e 5/1a
Interview, das, -s 2/3b
IT-Technikerin, die, -nen 2/6a

J

ja (modal) 5/9a
Jahrhundert, das, -e 9/7a
jammern 1/3b
Ja, natürlich. 10/9b
jaulen 7/7c
jede 2/9b
jemand 5/5a
joggen 2/9b
Journalist, der, -en 2/3a
Journalistin, die, -nen 2/3a
Jubel, der, nur Sg. 2/9b
Jubiläum, das, Jubiläen 7/1a
Judotraining, das, -s 8/5c
Jugendkulturfestival, das, -s 9/7a
jugendlich 9/7a
Jugendnationalmannschaft, die, -en 8/8a
jung 3/5a
Jungs, die, nur Pl. 3/9a

K

Kabel, das, – 2/8b
Kalender, der, – 13/7b
kalt 1/2a
Kälte, die, nur Sg. 12/2a
Kamerafrau, die, -en 2/3a
Kameramann, der, "-er 2/3a
kämpfen 14/6b
kaputt 5/6e
kariert 6/5a
Karneval, der, -s 9/AT
Karnevalslied, das, -er 9/3b
Karnevalsmetropole, die, -n 13/1a
Karnevalswagen, der, – 9/3b
Karnevalszug, der, "-e 9/3a
Karriere, die, -n 8/8a
Karte, die, -n 11/9a
Karten spielen 1/3a
Kartoffelsalat, der, -e 3/7d
Kaufhaus, das, "-er 11/8a
kaum 11/8a
Keller, der, – 7/7c
Kellerschlüssel, der, – 7/7c
Kellertür, die, -en 7/7c
kennenlernen 2/AT
Kinderbetreuung, die, -en 14/3a
Kindergarten, der, "– 7/4a
klappen 10/9b
klasse 9/3b
Klassenausflug, der, "-e 4/1a
Klassenfahrt, die, -en 11/8a
Klassenkamerad, der, -en 10/11c
klassisch 11/3a
Klima, das, Klimata 10/2
Klinik, die, -en 8/7b

km/h (Kilometer pro Stunde) 12/4a
knapp 1/3b
Knie, das, -e 8/7e
Kollege, der, -n 2/6a
Kollegin, die, -nen 2/6a
komisch 10/11a
kommen auf 14/6b
Komplimentmaschine, die, -n 3/11
kompliziert 6/1a
Komponist, der, -en 7/3a
Komponistin, die, -nen 7/3a
Kompromiss, der, -e 5/9c
Kondition, die, nur Sg. 2/9b
Konditionstraining, das, -s 2/9c
Konflikt, der, -e 5/5a
Kontakt, der, -e 1/3b
konzentriert 2/9c
Kopfweh, das, nur Sg. 8/7e
Körper, der, – nur Sg. 6/5a
korrigieren 2/3b
Krafttraining, das, -s 2/9c
Krankengymnastin, die, -nen 2/8d
Krankenhaus, das, "-er 8/7e
Krankheit, die, -en 12/9a
kratzen 7/7c
kreativ 2/6a
Kreuzung, die, -en 11/4a
Krönung, die, -en 9/7a
kühl 1/2a
kulturell 11/1a
Kulturprogramm, das, -e 9/7a
Kummerkasten, der, "– 4/10a
Kunde, der, -n 6/9c
Kundin, die, -nen 6/9c
Künstlername, der, -n 7/3c
Kunstunterricht, der, nur Sg. 3/8
Kuppel, die, -n 11/8a
kurz vor 9/3b
Kuscheltier, das, -e 10/5c
küssen 7/7c

L

lächeln 14/6b
Ladegerät, das, -e 12/6a
Lämpchen, das, – 12/6a
Land, das, "-er 10/2
Landesjugendturnier, das, -e 2/9a
Landesmeisterschaft, die, -en 2/9d
Langläuferin, die, -nen 8/8a
langsam 5/4a
lassen 4/10a
Laufwettbewerb, der, -e 9/7a
lebendig 10/11a
lebenspraktisch 5/1a
Lebkuchenhaus, das, "-er 9/4a

Wortliste

legen 2/8b
Lehre, die, -n 2/6a
Leichtathletik, die, nur Sg. 8/3a
Leser, der, – 12/10a
Leserin, die, -nen 12/10a
Licht, das, -er 4/1a
liebste 13/6a
Lied, das, -er 5/9d
Lifestyle, der, -s 6/6b
lila 6/5a
Liter, der, – 9/1a
Live-Musik, die, nur Sg. 9/7a
locker 2/9d
logisch 1/3a
Lohn, der, "-e 14/3a
löschen 2/9c
lösen 2/6a
losgehen, geht los, losgegangen 1/3b
Lösung, die, -en 12/Projekt
Luft, die, "-e 8/8a
Luftverschmutzung, die, nur Sg. 12/9a

M

Mannschaft, die, -en 8/1c
Markenkleidung, die, -nur Sg. 6/10b
Markt, der, "-e 9/7a
Marktrecht, das, -e 9/7a
Matheaufgabe, die, -n 3/1a
Mauerrest, der, -e 11/8a
meckern 14/5b
Medienstadt, die, "-e 13/1a
mehr … als 3/3a
meinen 2/9c
Meinung, die, -en 5/9c
Meisterschaft, die, -en 8/8a
Mensch, der, -en 2/AT
merken 4/1a
Metropole, die, -n 11/1a
Migrationsgeschichte, die, -n 14/3a
Mikrowelle, die, -n 7/7c
Mimik, die, nur Sg. 5/6b
Ministerium, die, Ministerien 11/1a
Minute, die, -n 8/6b
Mio. (Abkürzung für: Million, die, -en) 1/3b
Mir egal. 14/6b
Mischung, die, -en 11/8a
Mistwetter, das, nur Sg. 12/2b
miteinander 14/6b
Mitglied, das, -er 1/3c
mitmachen 9/8d
mitnehmen, nimmt mit, mitgenommen 6/7

mittags 5/8c
mittelalterlich 9/7a
mittelgroß 10/4a
mittellang 6/5b
Mobilität, die, nur Sg. 5/1a
Modedesigner, der, – 7/3c
Mode-Stadt, die, "-e 11/1a
modisch 6/1a
möglich 4/6a
Möglichkeit, die, -en 13/7b
monatlich 6/10b
Mönch, der, -e 1/3a
Moped, das, -s 6/10b
Mülleimer, der, – 12/10a
Müllproblem, das, -e 12/Projekt
Mülltrennung, die, -en 12/6a
multikulturell 11/1a
Multitalent, das, -e 7/3c
musikalisch 7/3a
Musiker, der, – 9/3a
Musikhauptstadt, die, "-e 11/3a
Musikproduzent, der, -en 13/1a
Muster, das, – 6/5a

N

nacheinander 8/8a
nachgeben, gibt nach, nachgegeben 5/9c
Nachteil, der, -e 12/1c
nachts 9/3b
Na endlich! 8/5a
na gut 5/8c
Nähe, die, nur Sg. 11/1a
na klar 3/1b
nass 1/2a
Nationalmannschaft, die, -en 8/8a
Nationalspieler, der, – 8/8a
Natur, die, -en 12/1d
Naturschutz, der, nur Sg. 12/6a
Nebenjob, der, -s 6/10b
neblig 1/2a
Nee. 13/3c
negativ 12/10a
nennen, nennt, genannt 9/1a
nervig 1/1b
nervös 2/9c
nett 3/5a
neu 2/9b
Neue, das, nur Sg. 14/AT
Neujahrsfest, das, -e 7/6b
nicht nur … sondern auch 10/1b
nicht so 13/3c
nicken 1/3b
niemand 7/7c
Nobelpreisträger, der, – 7/3a
noch nie 4/AT

Norden, der, nur Sg. 1/3b
nördlich 5/1c
Null, die, -en 8/9a

O

Oase, die, -n 12/AT
ob 9/1b
Obdachlose, der/die, -n 11/8a
oben 1/3b
offen sein 10/4a
öffentlich-rechtlich 4/7d
öffnen 4/3a
Öffnungszeit, die, -en 11/9a
Ohrhörer, der, – 4/1a
ökologisch 12/Projekt
Ökostadt, die, "-e 13/1a
Oktoberfest, das, -e 9/1a
Olympiastadion, das, Olympiastadien 11/7a
Olympische Spiele, die, nur Pl. 8/8a
online 6/6a
Open-Air-Disco, die, -s 9/7a
Open-Air-Konzert, das, -e 9/7a
Oper, die, -n 11/3a
Operation, die, -en 2/3b
Opernhaus, das, "-er 11/3a
optimistisch 3/5a
orange 6/5a
ordnen 5/1a
Ordnung, die, -en 10/9b
Organisation, die, -en 12/6b
organisieren 2/3b
Orientierung, die, -en 5/1a
Orkan, der, -e 12/4a
Ort, der, -e 11/7a
Osten, der, nur Sg. 1/3b
Osterei, das, -er 9/4a
Osterhase, der, -n 9/4a

P

ein paarmal 13/3c
Panik, die, Paniken 7/7c
Parlament, das, -e 11/AT
Passant, der, -en 7/7c
Passage, die, -n 10/10a
passen 2/AT
Pausenhof, der, "-e 14/6b
PC, der, -s 4/10a
Pech, das, nur Sg. 2/9b
Pessimist, der, -en 12/10a
pessimistisch 3/5a
Philharmonie, die, -n 11/3a
Physiker, der, – 7/3a
Pinguin, der, -e 12/AT
Plan, der, "-e 2/AT

einhundertsiebenundvierzig

Wortliste

Plastiktüte, die, -n 1   2/6a
Platz, der, "-e   2/9c
plötzlich   2/9d
Politikerin, die, -nen   11/8b
politisch   9/7a
Popakademie, die, -n   13/1a
Popfestival, das, -s   11/3a
Popstar, der, -s   13/4a
positiv   10/11c
Praktikum, das, Praktika   2/8b
praktisch   5/1b
präsentieren   9/3a
Präsident, der, -en   7/3a
privat   4/7d
Produkt, das, -e   13/7b
Profi, der, -s   8/1c
Projekttag, der, -e   9/3b
pro Tag   12/6b
Prozent, das, -e   12/6a
Prüfung, die, -en   7/4b
Publikum, das, nur Sg.   7/1a
pünktlich   1/3a
Punktzahl, die, -en   8/3a
Puppe, die, -n   14/4d

Q

Qualifikation, die, -en   8/8a
Quatsch, der, nur Sg.   14/6f
Quelle, die, -n   13/5
Quellenfest, das, -e   9/7a
Quellenkönigin, die, -nen   9/7a

R

Rad, das, "-er   8/7e
Radio, das, -s   4/1a
Radiosender, der, –   4/7d
Rahmenprogramm, das, -e   9/7a
Rangliste, die, -n   2/9d
Rap, der, -s   9/7a
raten, rät, geraten   11/8a
ratlos   14/6c
rauf und runter   7/7c
raus   7/4a
reagieren   2/9c
recherchieren   4/5b
rechnen   8/4a
Recht haben, hat Recht, Recht
   gehabt   2/9c
Recycling, das, nur Sg.   12/7a
Recyclingpapier, das, -e   12/7a
Redaktion, die, -nen   12/6a
Referat, das, -e   4/8c
Regen, der, nur Sg.   1/2a
Regenchaos, das, nur Sg.   12/4a
Regenwasser, das, nur Sg.
   12/Projekt

Regierung, die, -en   11/1a
Regierungsviertel, das, –   11/1a
Region, die, -en   9/7a
Regionalexpress, der, -e   13/9a
regnerisch   12/2a
reich   2/AT
Reichstag, der, -e   11/7a
Reichstagsgebäude, das, -e   11/1a
Reihe, die, -n   5/1a
Reihenfolge, die, -n   8/9a
Rekord, der, -e   8/8a
rennen, rennt, gerannt   2/9b
Rennfahren, das, nur Sg.   8/8d
Rennfahrer, der, –   8/8a
reparieren   2/3b
reservieren   5/8c
Reservierung, die, -en   13/9a
reservierungspflichtig   13/7b
Reststück, das, -e   11/2b
retten   12/6a
richtig (modal)   1/1a
richtig   1/1b
Richtung, die, -en   11/7a
Riesenerfolg, der, -e   14/6e
Riesenüberraschung, die, -en   8/8a
riesig   11/8a
Ring, der, -e   13/4a
Rolle, die, -n   5/2
Römer, der, –   13/1a
Römerkastell, das, -e   9/7a
Rosenmontagszug, der, "-e   9/3b
Rückkehr, die, nur Sg.   14/3a
Rucksack, der, "-e   1/3b
Rückweg, der, -e   11/8a
Ruhe, die, nur Sg.   4/AT
rund   9/7a
runter   7/7c
runterholen, holt runter,
   runtergeholt   14/6c
runterladen, lädt runter,
   runtergeladen   4/3a
rutschen   14/6b

S

Sachen, nur Pl.   9/3b
sachlich   12/6a
Saison, die, -s   8/8a
Saisonlauf, der, "-e   8/8a
Sängerin, die, -nen   11/3a
Satz, der, "-e   2/9d
sauber machen   2/8b
saukalt   12/2b
S-Bahn, die, -en   11/AT
Schach, das, -s   5/5a
Schal, der, –s   6/6b
Schalter, der, –   2/8b

Schanze, die, -n   8/8a
Schatz, der, "-e   2/9c
schäumen vor Wut   14/6b
Schauspielerin, die, -nen   11/3a
Schauspielschule, die, -n   2/6a
Schausteller, der, –   9/7a
schick   6/2a
schicken   4/1a
Schiedsrichter, der, –   8/1b
Schiene, die, -n   2/9c
schießen, schießt, geschossen   8/8a
Schiffer, der, –   13/1a
Schimpfwort, das, "-er   14/6b
Schläger, der, –   8/1b
Schlagzeug, das, -e   7/1a
schlichten   5/9a
schließen, schließt, geschlossen
   4/3a
Schloss, das, "-er   11/6a
Schlossfest, das, -e   9/7a
Schlüssel, der, –   8/6b
schmelzen, schmilzt, geschmolzen
   12/9a
Schmerz, der, -en   8/7e
schmutzig   7/7c
schneien   1/2a
Schnürschuh, der, -e   6/6b
schrecklich   1/1b
Schrift, die, -en   5/1b
Schriftsteller, der, –   7/3a
Schulanfang, der, "-e   9/4d
Schüleraustausch, der, -e   5/1a
Schulfest, das, -e   9/AT
Schulleben, das, –   7/5a
Schultag, der, -e   7/7c
Schulter, die, -n   8/7e
Schuluniform, die, -en   10/AT
Schulweg, der, -e   10/1b
Schulzeit, die, -en   7/5a
Schutz, der, nur Sg.   12/7a
schwer   1/3b
sehbehindert   5/1a
Sehenswürdigkeit, die, -en   11/1a
Selbstbewusstsein, das, nur Sg.
   8/AT
selbstständig   5/1a
selbstverständlich   5/5a
senden   4/7d
Sender, der, –   4/7d
setzen, sitzt, gesessen   10/7b
setzen sich   5/5a
Shampoo, das, -s   5/8c
Show, die, -s   11/9a
sicher   10/3a
Siebenmeter, der, –   8/1b
Sieg, der, -e   8/8a

einhundertachtundvierzig

Wortliste

Siegerurkunde, die, -n   8/3a
Siegessäule, die, -n   11/8a
Siegesserie, die, -n   8/8a
singen über, singt über, gesungen
    über   11/3a
Sitz, der, -e   11/1a
Situation, die, -en   14/2a
Skihalle, die, -n   10/11a
Skispringer, der, –   8/8a
Skisprung-Weltcup, der, -s   8/8a
SMS, die, –   4/3a
Sneaker, der, -s   6/6b
so   9/1a
So, das war es.   12/6a
So ein Mistwetter!   12/2b
So ein Pech!   8/7c
Sofasportler, der, –   8/2a
sofort   4/8c
Solaranlage, die, -n   12/Projekt
Sonderangebot, das, -e   6/6b
sondern   10/1b
sondern auch   10/2
Song, der, -s   5/2
sonnig   9/1a
Sonstige, das, nur Sg.   6/6b
Sorge, die, -n   4/10a
Sorry!   8/5c
so viel   9/1b
so weit sein   11/8a
so weit wie   8/3c
sowie   5/1a
spannend   6/1a
Spaß machen   12/6a
Speicherstadt, die, "-e   10/10a
Spiele-Entwicklerin, die, -nen   2/6a
Spieler, der, –   8/1b
Spielerin, die, -nen   8/1b
Spielkonsole, die, -n   12/6a
Spielplatz, der, "-e   7/7c
spinnen, spinnt, gesponnen   2/2
spontan   11/8a
Sportartikel, der, –   6/10c
Sportfanatiker, der, –   8/2a
Sportlerin, die, -nen   8/3a
sportlich   3/5a
Sportmuffel, der, –   8/2a
Sportplatz, der, "-e   8/1c
Sportsendung, die, -en   4/7a
Sportwagen, der, –   6/AT
springen, springt, gesprungen   2/9c
Sprung, der, "-e   8/8a
Stadion, das, Stadien   11/8a
Stadtgebiet, das, -e   11/1a
Stadthalle, die, -n   7/1a
Städtetour, die, -en   1/1g
Stadtrundfahrt, die, -en   11/1a

Stadtteil, der, -e   11/7a
Stand-by, das, -s   12/6a
Stand-by-Funktion, die, -en   12/6a
Star, der, -s   2/AT
starten   4/3a
Statistik, die, -en   4/5c
stattfinden, findet statt,
    stattgefunden   2/8a
Statussymbol, das, -e   6/10b
stehen, steht, gestanden   6/9b
steigen, steigt, gestiegen   1/3a
Stein, der, -e   13/1b
Stelle, die, -n   2/6a
Stellenanzeige, die, -n   2/6a
Stichwort, das, Stichworte/
    Stichwörter   11/8a
Stiefel, der, –   6/6b
Stimmung, die, -en   1/1c
Stofftasche, die, -n   12/6a
Strafarbeit, die, -en   4/1a
Strandcafé, das, -s   11/1a
Straßencafé, das, -s   11/1c
Straßenfest, das, -e   9/7a
Strecke, die, -n   13/9a
Streichholz, das, "-er   4/1a
streiten, streitet, gestritten   5/5a
Streiterei, die, -en   14/6b
stressig   7/5a
Strom, der, hier nur Sg.
    (elektrischer Strom)   12/6a
Stromausfall, der, "-e   4/1a
Stromfresser, der, –   12/6a
Stromsparen, das, nur Sg.   12/6
Student, der, -en   5/1c
Studentin, die, -nen   5/1c
Studio, das, -s   13/1a
Studium, das, Studien   2/6a
stundenlang   4/10a
Sturm, der, "-e   1/2a
stürmen   1/2a
stürmisch   12/2a
stürzen   8/7e
supertoll   9/1a

T

Tafelstift, der, -e   14/6c
Tagebuch, das, "-er   2/9a
Talent, das, -e   2/9c
Talkshow, die, -s   4/7a
Tannenbaum, der, "-e   9/4a
tanzen gehen   10/4a
tauchen   8/4a
Tausend, das, -e   13/1a
Team, das, -s   4/10a
teilnehmen an, nimmt teil,
    teilgenommen   9/3b

Teilnehmerin, die, -nen   8/8a
Teilnehmerurkunde, die, -n   8/3a
Termin, der, -e   11/8a
Text, der, -e   4/1a
Thema, das, Themen   9/7a
Tierpark, der, -s   10/10a
Titel, der, –   8/8a
Toilette, die, -n   12/Projekt
tolerant   3/5a
Ton, der, "-e   4/AT
Tonfall, der, "-e   5/6b
Tonne, die, –   9/3b
Tor, das, -e   11/AT
Touristikkauffrau, die, -en   2/3a
Touristikkaufmann, der, "-er   2/3a
Tradition, die, -en   9/6a
sich trauen   14/6c
träumen   10/11a
Trauung, die, -en   9/4a
sich treffen, trifft sich, sich
    getroffen   11/1a
Treffpunkt, der, -e   1/3a
Tribüne, die, -n   2/9d
Trinkwasser, das, nur Sg.   12/9a
trocken   12/2a
Trockenheit, die, -en   12/9a
trösten   2/9c
Tuch, das, "-er   6/6b
turnen   8/1a
Turnhalle, die, -n   8/7e
Turnier, das, -e   2/9a
Typ, der, -en   6/8b

U

u. a. (unter anderem)   11/1a
U-Bahn, die, -en   11/6a
über (= mehr als)   11/1a
übermorgen   7/2c
Überschwemmung, die, -en   12/4
umschauen   6/9b
umso mehr   9/1a
umsteigen, steigt um, umgestiegen
    11/6a
Umwelt, die, nur Sg.   12/6a
umweltfreundlich   12/4e
Umweltprojekt, das, -e   12/Projekt
Umweltschutz, der, nur Sg.   12/6a
Umweltschützer, der, –   12/10a
Umweltschutzorganisation, die, -en
    12/7a
Umzug, der, "-e   14/AT
unbedingt   2/9b
Unfall, der, "-e   8/7e
Universität, die, -en   14/1b
Unsinn, der, nur Sg.   9/4d
(sich) unterhalten, (sich) unterhält,

Wortliste

(sich) unterhalten 5/5a
Unterschied, der, -e 6/10b
unterschiedlich 6/10b
Unterschrift, die, -en 10/4a
unterstützen 12/Projekt
Ups! 8/5c
Urkunde, die, -n 8/3a
Urlauber, der, – 12/4d
Urwald, der, "-er 12/AT

V

Verabredung, die, -en 8/5c
verbessern 2/9b
Verbindung, die, -en 13/9a
verbrauchen 12/6a
Verein, der, -e 2/9a
vereinsintern 2/9d
Vergnügungspark, der, -s 13/1a
verheiratet sein 2/AT
verkaufsoffen 9/7a
Verkehr, der, nur Sg. 10/1b
sich verkleiden 9/3b
verlassen, verlässt, verlassen 4/10a
sich verlaufen, verläuft sich, sich verlaufen 11/8a
verletzt 8/7e
vermuten 1/1g
Vermutung, die, -en 7/1b
Verpackungsmüll, der, nur Sg. 12/10a
verpassen 11/8a
verraten, verrät, verraten 1/3b
verreisen 13/3b
verschieden 3/9a
verschmutzen 12/9b
Verspätung, die, -en 8/6b
verstecken 7/7c
verstehen, versteht, verstanden 1/4c
verwenden 12/4e
Verwendung, die, -en 12/Projekt
Vibrationsalarm, der, -e 4/1a
Video, das, -s 6/10c
Vielen Dank. 5/6d
vielseitig 2/6c
Viertausender, der, – 1/3a
Viertel, das, – 11/8a
Volksfest, das, -e 9/AT
Vollgas, das, nur Sg. 7/4a
Vordergrund, der, "-e 12/AT
vor allem 11/1a
vorlesen, liest vor, vorgelesen 2/3b
Vorschlag, der, "-e 12/6b

vorsichtig 3/5a
Vorstellung, die, -en 11/9a
Vorteil, der, -e 12/1c
Vortrag, der, "-e 4/1a

W

wählen 4/10a
wahr 4/1a
wahrscheinlich 1/1g
Wald, der, "-er 11/1a
wandern 12/1d
warm 7/7c
warten 7/7c
warten auf 14/1d
warum nicht? 6/6a
was für ein 12/2b
Wasserfall, der, "-e 13/1a
wechseln 8/8a
Wegbeschreibung, die, -en 11/9d
weggehen, geht weg, weggegangen 4/2a
wegziehen, zieht weg, weggezogen 14/3a
wehtun, tut weh, wehgetan 1/3b
Weihnachtsplätzchen, das, – 9/4a
weil 2/6a
Wein, der, -e 9/7a
weinen 4/10a
weiterfahren, fährt weiter, weitergefahren 8/7e
weitergehen, geht weiter, weitergegangen 1/3b
weiterspielen 8/7c
Weitsprung, der, "-e 8/3a
weltberühmt 11/3a
Weltklasse, die, nur Sg. 2/9b
Weltmeister, der, – 8/8a
Weltmeisterschaft, die, -en 8/8
weltweit 11/1a
wem 1/2c
werfen, wirft, geworfen 8/3c
Westen, der, nur Sg. 1/3b
Wettbewerb, der, -e 12/Projekt
Wetter, das, nur Sg. 1/2a
Wetterbericht, der, -e 4/7a
wichtig finden, findet wichtig, wichtig gefunden 5/10c
Wichtigste, das, nur Sg. 5/10c
Wie langweilig! 12/1d
wiederholen 6/8a
Wimbledon-Champion, der, -s 2/9b
Wind, der, -e 1/2a
windig 12/2a

Wirtschaft, die, -en 13/1a
WM, die, -s 8/8a
Woche, die, -n 7/AT
wohl 5/5a
Wohngruppe, die, -n 5/1a
Wohnhaus, das, "-er 7/7c
Wohnheim, das, -e 5/1a
Wolke, die, -n 12/2a
worum 14/6f
wunderbar 1/1b
Wunderkind, das, -er 7/3a
sich wundern 14/6c
wunderschön 10/11a
Wunsch, der, "-e 1/3b
wünschen 1/3b
Wüste, die, -n 12/AT

Z

Zahnarzt, der, "-e 2/3a
Zahnärztin, die, -nen 2/3a
Zähneputzen, das, nur Sg. 4/1a
Zeichentrickserie, die, -n 4/7a
zeichnen 8/4a
Zeitungskiosk, der, -e 7/7c
Ziege, die, -n 7/7c
ziemlich 11/6a
zuhören 3/9a
zukünftig 7/3a
zuletzt 9/6a
zurückbekommen 3/4
zurückfahren, fährt zurück, zurückgefahren 10/11a
zurückgeben, gibt zurück, zurückgegeben 4/8d
zurückgehen, geht zurück, zurückgegangen 1/3b
zurückkommen 7/7c
(sich) zurückziehen, zieht (sich) zurück, (sich) zurückgezogen 5/6a
zusammenkommen 11/8b
Zusammenleben, das, nur Sg. 5/AT
zusätzlich 5/1a
Zuschauer, der, – 9/3b
zuverlässig 3/5a
Zuwanderer, der, – 14/3a
Zweck, der, -e 14/5b
Zwerg-Macho, der, -s 14/6b
Zwischenhalt, der, -e 13/7b

Verblisten

Liste einiger Verben mit Dativ

antworten	Warum hast du mir nicht geantwortet?
danken	Ich danke dir/Ihnen.
gefallen	Das Kleid gefällt mir.
gehören	Wem gehört das Smartphone? – Mir.
gratulieren	Wir gratulieren euch ganz herzlich zu eurem Erfolg.
guttun	Ein bisschen mehr Sport tut uns allen gut.
helfen	Kannst du mir helfen. Ich verstehe die Aufgabe nicht.
passen	Die Hose passt mir gut.
raten	Ich rate euch, dass ihr den Test gut vorbereitet.
schmecken	Der Kartoffelsalat schmeckt mir sehr gut.
stehen	Das Hemd steht ihm sehr gut.
vertrauen	Ich vertraue meinem Bruder 100%.
weh tun	Au! Pass doch auf, du tust mir weh!

Liste einiger Verben mit Dativ und Akkusativ

anbieten	Kann ich dir einen Tee anbieten?
empfehlen	Ron hat uns den neuen Film von Wim Wenders empfohlen.
erklären	Können Sie uns die Aufgabe erklären? Wir verstehen sie nicht.
erzählen	Tina hat mir gestern eine ganz tolle Geschichte erzählt.
geben	Gib mir mal bitte das Salz.
holen	Holst du uns noch etwas Brot aus der Küche?
kaufen	Unsere Eltern haben uns die neue X-Box gekauft.
leihen	Kannst du mir dein Fahrrad leihen? Meins ist kaputt.
mitbringen	Bringst du mir einen Hamburger mit?
schenken	Meine Mutter hat mir einen Kopfhörer geschenkt.
schicken	Heute Abend muss ich Herrn Paulus die Präsentation schicken.
schreiben	Wann schreibst du endlich mal deiner Tante eine E-Mail?
wünschen	Zoe wünscht sich zu Weihnachten einen Musikgutschein.
zeigen	Stefan hat uns seinen neuen Laptop gezeigt.

Und welche Verben haben den Akkusativ?

Fast alle anderen.

Buchstaben und Laute

Buchstaben	Laute	Beispiele
a | aa | ah	[aː]	Abend | Staat | fahren
a	[a]	wann, Bank
ä | äh	[ɛː]	spät, Käse | zählen
ä	[ɛ]	Städte
ai	[ai̯]	Mai
au	[au̯]	kaufen, Haus
äu	[ɔy]	Häuser
b | bb	[b]	bleiben, Urlauber | Hobby
-b	[p]	Urlaub
ch	[ç]	ich, möchte, Bücher
	[x]	auch, Buch, kochen
chs	[ks]	sechs, wechseln
d	[d]	danke, Ende, Länder
-d | -dt	[t]	Land | Stadt
e | ee | eh	[eː]	leben | Tee | sehr
e	[ɛ]	gern, wenn
-e	[ə]	bitte, hören
ei	[ai̯]	klein, frei
eu	[ɔy]	neu, heute
f | ff	[f]	fahren, kaufen | treffen
g | gg	[g]	Geld, Tage | joggen
-g	[k]	Tag
-ig	[ɪç]	fertig, wichtig
h	[h]	heute, Haus
-h	–	Ruhe [ˈruːə], sehen [ˈzeːən]
i | ie | ieh	[iː]	Kino | lieben | sie sieht
i	[ɪ]	Kind
j	[j]	ja
k | ck	[k]	Kaffee | dick
l | ll	[l]	lesen | bestellen
m | mm	[m]	Musik, Name | kommen
n | nn	[n]	neu, man | können
ng	[ŋ]	Wohnung, singen
nk	[ŋk]	Bank
o | oo | oh	[oː]	schon | Zoo | Sohn
o	[ɔ]	Sonne

einhundertzweiundfünfzig

Buchstaben und Laute

Buchstaben	Laute	Beispiele
ö | öh	[ø]	schön | fröhlich
ö	[œ]	möchte
p | pp	[p]	Pause, Suppe, Tipp
ph	[f]	Alphabet
qu	[kv]	Qualität
r | rr | rh	[r]	richtig | korrekt | Rhythmus
-er	[ɐ]	Butter
s	[z]	sehr, Sonne, reisen
s | ss | ß	[s]	Reis | essen | weiß
sch	[ʃ]	Schule, zwischen
sp-	[ʃp]	Sport, mitspielen
st-	[ʃt]	Stadt, verstehen
t | tt | th	[t]	Tisch | Kassette | Theater
-tion	[tsi̯oːn]	Information, funktionieren
u | uh	[uː]	gut | Uhr
u	[ʊ]	Bus
ü | üh	[yː]	Süden | berühmt
ü	[ʏ]	Glück
v	[f]	viel, vergessen, verliebt
v	[v]	Aktivität
-v	[f]	aktiv
w	[v]	wichtig
x	[k s]	boxen
y	[yː]	typisch
y	[ʏ]	Rhythmus
-y	[i]	Hobby
z | tz	[ts]	Zeitung, tanzen | Platz

einhundertdreiundfünfzig

Liste unregelmäßiger Verben

Liste unregelmäßiger Verben

In dieser Liste findest du wichtige unregelmäßige Verben. Zuerst steht der Infinitiv (beginnen), dann die 3. Person Singular Präsens (er/es/sie beginnt) und dann die Perfektform (er/es/sie hat begonnen).

Die Perfektformen mit **sein** sind rot markiert (ist abgehauen). Die trennbaren Vorsilben sind *kursiv* markiert (*ab*hauen).

Infinitiv	Präsens – 3. Person Sg. er/es/sie	Perfekt – 3. Person Sg. er/es/sie
*ab*geben	gibt … *ab*	hat *ab*gegeben
*ab*hauen	haut … *ab*	ist *ab*gehauen
*ab*schließen	schließt … *ab*	hat *ab*geschlossen
*ab*schreiben	schreibt … *ab*	hat *ab*geschrieben
*an*bieten	bietet … *an*	hat … *an*geboten
*an*fangen	fängt … *an*	hat *an*gefangen
*an*kommen	kommt … *an*	ist *an*gekommen
*an*rufen	ruft … *an*	hat *an*gerufen
*an*sehen	sieht … *an*	hat *an*gesehen
*auf*bleiben	bleibt … *auf*	ist *auf*geblieben
*auf*geben	gibt … *auf*	hat *auf*gegeben
*auf*schreiben	schreibt … *auf*	hat *auf*geschrieben
*auf*stehen	steht … *auf*	ist *auf*gestanden
*aus*geben	gibt … *aus*	hat *aus*gegeben
*aus*leihen	leiht … *aus*	hat *aus*geliehen
*aus*sehen	sieht … *aus*	hat *aus*gesehen
*aus*sprechen	spricht … *aus*	hat *aus*gesprochen
*aus*tragen	trägt … *aus*	hat *aus*getragen
beginnen	beginnt	hat begonnen
beißen	beißt	hat gebissen
bekommen	bekommt	hat bekommen
benennen	benennt	hat benannt
beschreiben	beschreibt	hat beschrieben
bleiben	bleibt	ist geblieben
brennen	brennt	hat gebrannt
bringen	bringt	hat gebracht
*dabei*haben	hat … *dabei*	hat dabeigehabt
denken	denkt	hat gedacht
dürfen	darf	hat gedurft/dürfen
*ein*fallen	fällt … *ein*	ist *ein*gefallen
*ein*laden	lädt … *ein*	hat *ein*geladen
*ein*schlafen	schläft … *ein*	ist *ein*geschlafen
*eis*laufen	läuft … *eis*	ist *eis*gelaufen
erfinden	erfindet	hat erfunden
erraten	errät	hat erraten
essen	isst	hat gegessen
fahren	fährt	ist gefahren
*fern*sehen	sieht … *fern*	hat *fern*gesehen
finden	findet	hat gefunden
fliegen	fliegt	ist geflogen
fressen	frisst	hat gefressen
geben	gibt	hat gegeben
gefallen	gefällt	hat gefallen
gehen	geht	ist gegangen
haben	hat	hat gehabt
halten	hält	hat gehalten
hängen	hängt	hat gehangen
*heraus*finden	findet … *heraus*	hat *heraus*gefunden
*herunter*laden	lädt … *herunter*	hat heruntergeladen
heißen	heißt	hat geheißen
helfen	hilft	hat geholfen
*hin*fallen	fällt … *hin*	ist *hin*gefallen
*hoch*laden	lädt … *hoch*	hat *hoch*geladen
kennen	kennt	hat gekannt
kommen	kommt	ist gekommen

Liste unregelmäßiger Verben

Infinitiv	Präsens – 3. Person Sg. er/es/sie	Perfekt – 3. Person Sg. er/es/sie
können	kann	hat gekonnt
lassen	lässt	hat gelassen
laufen	läuft	ist gelaufen
leiden	litt	hat gelitten
lesen	liest	hat gelesen
liegen	liegt	hat gelegen
*los*gehen	geht … *los*	ist *los*gegangen
*mit*bringen	bringt … *mit*	hat *mit*gebracht
*mit*kommen	kommt … *mit*	ist *mit*gekommen
*mit*nehmen	nimmt … *mit*	hat *mit*genommen
mögen	mag	hat gemocht/mögen
müssen	muss	hat gemusst/müssen
*nach*denken	denkt … *nach*	hat *nach*gedacht
*nach*geben	gibt … *nach*	hat *nach*gegeben
*nach*sprechen	spricht … *nach*	hat *nach*gesprochen
nehmen	nimmt	hat genommen
nennen	nennt	hat genannt
passieren	passiert	ist passiert
raten	rät	hat geraten
reiten	reitet	ist geritten
riechen	riecht	hat gerochen
rufen	ruft	hat gerufen
*runter*laden	lädt … *runter*	hat *runter*geladen
scheinen	scheint	hat geschienen
schlafen	schläft	hat geschlafen
schließen	schließt	hat geschlossen
schreiben	schreibt	hat geschrieben
schwimmen	schwimmt	ist geschwommen
sehen	sieht	hat gesehen
singen	singt	hat gesungen
sitzen	sitzt	hat gesessen
sprechen	spricht	hat gesprochen
springen	springt	ist gesprungen
*statt*finden	findet … *statt*	hat *statt*gefunden
stehen	steht	hat gestanden
steigen	steigt	ist gestiegen
streiten sich	streitet sich	hat sich gestritten
tragen	trägt	hat getragen
trinken	trinkt	hat getrunken
unterhalten	unterhält	hat unterhalten
verbinden	verbindet	hat verbunden
vergessen	vergisst	hat vergessen
vergleichen	vergleicht	hat verglichen
verlassen	verlässt	hat verlassen
verlieren	verliert	hat verloren
verstehen	versteht	hat verstanden
*vor*gehen	geht … *vor*	ist *vor*gegangen
*vor*lesen	liest … *vor*	hat *vor*gelesen
waschen	wäscht	hat gewaschen
*weg*gehen	geht … *weg*	ist *weg*gegangen
*weh*tun	tut … *weh*	hat *weh*getan
*weiter*gehen	geht … *weiter*	ist *weiter*gegangen
*weiter*lesen	liest … *weiter*	hat *weiter*gelesen
wissen	weiß	hat gewusst
wollen	will	hat gewollt/wollen
*zurück*geben	gibt … *zurück*	hat *zurück*gegeben
*zurück*gehen	geht … *zurück*	ist *zurück*gegangen
*zurück*ziehen	zieht … *zurück*	hat *zurück*gezogen

Bild-und Textquellen

Bildquellen Cover: Cornelsen / Daniel Meyer; **S. 4:** *(1)* mauritius images / imageBROKER / Oskar Eyb; *(2)* Cornelsen / Hugo Herold; *(3)* Cornelsen / Hugo Herold; *(4)* Shutterstock / g-stockstudio; *(5)* Cornelsen / Hugo Herold; *(6)* Shutterstock / Monkey Business Images; *(7)* Shutterstock / Monkey Business Images; *Kleine Pause* Cornelsen / Wildfang; *Große Pause* Cornelsen / Wildfang; **S. 5:** *(8)* Shutterstock / Nildo Scoop; *(9)* Shutterstock / Intrepix; *(10)* Cornelsen / Hugo Herold; *(11)* picture alliance / dpa / Britta Pedersen; *(12)* Shutterstock / kropic1; *(13)* Fotolia / World travel images; *(14)* Cornelsen / Hugo Herold; *Kleine Pause* Shutterstock / Nadezda Grapes; *Große Pause* Shutterstock / Alexander Ishchenko; **S. 7:** *Hintergrund* Fotolia / Max Diesel; *(A)* Shutterstock / bikeriderlondon; *(B)* Shutterstock / Pressmaster; *(C)* Shutterstock / S-F; *(D)* mauritius images / imageBROKER / Oskar Eyb; **S. 8:** *Smileys* Shutterstock / Marish; *oben links* Shutterstock / Sabphoto; *oben rechts* Shutterstock / Aleshyn_Andrei; *oben 2. von links* Shutterstock / East; *oben 2. von rechts* Shutterstock / kouptsova; **S. 9:** *(A)* Fotolia / ivan kmit; *(B)* Shutterstock / AlinaMD; *(C)* Shutterstock / Natali Glado; *(D)* Shutterstock / Mihai Simonia; *unten* Cornelsen / Hugo Herold; **S. 10:** *Smiley* Shutterstock / Marish; *(A)* Shutterstock / TTstudio; *(B)* mauritius images / imageBROKER / hwo; *(C)* Your_Photo_Today; **S. 11:** *(D)* Fotolia / ARochau; *(E)* Shutterstock / DNF Style; *unten* Shutterstock / PGMart; **S. 12:** Cornelsen / Hugo Herold; **S. 14:** *Smileys* Shutterstock / Marish; **S. 15:** *Hintergrund* Shutterstock / Pavel L Photo and Video; **S. 16:** *oben* Shutterstock / Christine Langer-Pueschel; *unten* Cornelsen / Hugo Herold; **S. 17:** *(A)* Shutterstock / oliveromg; *(B)* Shutterstock / Glovatskiy; *(C)* action press / KRÜGER, MARCUS; *(D)* Shutterstock / Minerva Studio; *(E)* Shutterstock / Sergey Mironov; *(F)* Shutterstock / kurhan; *(G)* Shutterstock / Margarita Borodina; *(H)* Fotolia / auremar; *Tablet* Shutterstock / Alexander Mak; *unten* Cornelsen / Hugo Herold; **S. 18:** *oben links* Fotolia / goodluz; *oben rechts* Fotolia / Budimir Jevtic; *unten* Cornelsen / Hugo Herold; **S. 19:** *oben* Cornelsen / Hugo Herold; *Mitte* Cornelsen / Hugo Herold; *unten* Fotolia / Dan Race; **S. 20:** *oben* Shutterstock / Ollyy; *unten* Shutterstock / Carlos Horta; **S. 23:** *Hintergrund* Fotolia / Max Diesel; *alle anderen* Cornelsen / Hugo Herold; **S. 24:** Cornelsen / Hugo Herold; **S. 25:** Cornelsen / Hugo Herold; **S. 26:** Fotolia / mma23; **S. 27:** Cornelsen / Hugo Herold; **S. 28:** Cornelsen / Hugo Herold; **S. 29:** *oben* Shutterstock / cobalt88; *(A)* Fotolia / shootingankauf; *(B), (C)* Shutterstock / wavebreakmedia; *(D)* Shutterstock / SpeedKingz; **S. 31:** *Smileys* Shutterstock / Marish; *oben* Shutterstock / nui7711; **S. 34:** *(A)* Fotolia / Stephan Baur; *(B)* Shutterstock / Olga Danylenko; *(C)* Shutterstock / fdenb; *unten rechts* Shutterstock / Carlos Caetano; *Jan, Kiki, Tessa, unten links* Cornelsen / Wildfang; **S. 35:** *Mitte* Shutterstock / Simon Zenger; *rechts* Shutterstock / Rainer Plendl; *links* Shutterstock / Steve Bower; **S. 36:** *alle* Cornelsen / Wildfang; **S. 37:** *Hintergrund* Fotolia / Max Diesel; **S. 39:** *links* Shutterstock / pukach; *rechts* Shutterstock / Es sarawuth; **S. 40:** Shutterstock / g-stockstudio; **S. 41:** *alle Fernseher* Shutterstock / Vladrin; *(1)* Shutterstock / Brad Camembert; *(2)* Shutterstock / withGod; *(3)* Shutterstock / Corepics VOF; *(4)* Shutterstock / David Steele; *(5)* Shutterstock / Eoghan McNally; *(6)* Shutterstock / Jaromir Chalabala; *(8)* Fotolia / Daniel Ernst; *(9)* Shutterstock / Stokkete; **S. 42:** Cornelsen / Hugo Herold; **S. 43:** Cornelsen / Hugo Herold; **S. 45:** *Hintergrund* Fotolia / Max Diesel; *alle anderen* Deutsche Blindenstudienanstalt e.V. / www.blista.de, Bruno Axhausen; **S. 46:** *unten* Shutterstock / Carmen Rieb; *alle oben* Deutsche Blindenstudienanstalt e.V. / www.blista.de, Bruno Axhausen; **S. 47:** Cornelsen / Hugo Herold; **S. 48:** Deutsche Blindenstudienanstalt e.V. / www.blista.de, Bruno Axhausen; **S. 49:** Cornelsen / Hugo Herold; **S. 51:** Cornelsen / Hugo Herold; **S. 53:** *Hintergrund* Fotolia / Max Diesel; *Handy* Shutterstock / Andrey Armyagov; *Fahrrad* Shutterstock / Zoran Karapancev; *Auto* Shutterstock / Rawpixel.com; *Mädchen* Fotolia / Andrey Kiselev; *Junge* Fotolia / jolopes; *Hund* Fotolia / vivienstock; **S. 54:** *oben rechts* Shutterstock / Rena Schild; *Auto* Shutterstock / Rawpixel.com; *oben links* Fotolia / Erik Lam; *Mitte* Fotolia / adistock; *Hund* Fotolia / Eric Isselée; *Tasche* Shutterstock / Karkas; **S. 55:** *unten links* Fotolia / Fotosasch; *unten rechts* Shutterstock / Monkey Business Images; **S. 56:** *1. Reihe links* Fotolia / Africa Studio; *1. Reihe 2. von links* Fotolia / bluebat; *1. Reihe 2. von rechts* Shutterstock / Mega Pixel; *1. Reihe rechts* Shutterstock / Pakhnyushchy; *2. Reihe links* Shutterstock / macknimal; *2. Reihe 2. von links* Shutterstock / Lucy Liu; *2. Reihe 2. von rechts* Shutterstock / Borislav Bajkic; *2. Reihe rechts* Shutterstock / MichaelJayBerlin; *3. Reihe links* Shutterstock / Lucy Liu; *3. Reihe 2. von links* Shutterstock / Africa Studio; *3. Reihe 2. von rechts* Fotolia / phatthanit; *3. Reihe rechts* Shutterstock / Wittaya Budda; *4. Reihe links* Shutterstock / DenEmmanual; *4. Reihe 2. von links* Fotolia / soonthorn; *4. Reihe 2. von rechts* Shutterstock / Kreangkrai Indarodom; *4. Reihe rechts* Shutterstock / krungchingpixs; **S. 57:** Cornelsen / Hugo Herold; **S. 58:** Cornelsen / Hugo Herold; **S. 61:** *Hintergrund* Fotolia / Max Diesel; *oben* Cornelsen / Hugo Herold; **S. 63:** *Hände und Plakat unten* Cornelsen / Hugo Herold; *(A)* picture alliance / Fred Stein; *(B)* Fotolia / louizaphoto; *(C)* action press / ullstein - Archiv Gerstenberg; *(D)* akg-images / NordicPhotos; *(E)* Clip Dealer / Edler von Rabenstein; *(F)* action press / Ukas, Michael; *unten* Shutterstock / Featureflash Photo Agency; **S. 64:** *(A)* Shutterstock / Monkey Business Images; *(B)* Shutterstock / Andrey Stratilatov; *(C)* Fotolia / contrastwerkstatt; **S. 65:** Shutterstock / max sattana; **S. 69:** *(18)* Shutterstock / pking4th; *(20)* Shutterstock / ppart; **S. 70:** *unten rechts* Shutterstock / Poznyakov; *unten links* Shutterstock / YanLev; *oben* Cornelsen / Hugo Herold; **S. 72:** Cornelsen / Wildfang; **S. 73:** *unten links* Shutterstock / Ollyy; *unten 2. von links* Shutterstock / Tassh; *unten Mitte* Shutterstock / MJTH; *unten 2. von rechts* Shutterstock / Richard Lyons; *unten rechts* Shutterstock / INSAGO; *oben* Cornelsen / Wildfang; **S. 74:** *unten links* Shutterstock / Matyas Rehak; *unten Mitte* Shutterstock / Elena Dijour; *unten rechts* Shutterstock / BlueOrange Studio; *oben* Cornelsen / Wildfang; **S. 75:** *Hintergrund* Fotolia / Max Diesel; *(A)* Shutterstock / lev radin; *(B)* Shutterstock / Stefan Schurr; *(C)* Shutterstock / Nildo Scoop; *(D)* Shutterstock / Ilike; *(E)* Shutterstock / Maya Kruchankova; **S. 77:** *unten* Shutterstock / Denis Kuvaev; *Piktogramm Schwimmen* Shutterstock / RedKoala; *Piktogramm Läufer* Shutterstock / Aliaksandr Radzko; *oben* Fotolia / blachowicz102; *Piktogramm Turnen* Shutterstock / kayannl; **S. 78:** *links* Fotolia / DoraZett; *rechts* Fotolia / Sabphoto; **S. 79:** Cornelsen / Lutz Rohrmann; **S. 80:** *(A)* imago / Schiffmann; *(B)* mauritius images / imageBROKER / mirafoto; *(C)* mauritius images / imageBROKER / Uwe Kraft; **S. 81:** *oben* picture alliance / ZB; *unten* REUTERS / Michael Dalder; **S. 83:** *Hintergrund* Fotolia / Max Diesel; *(A)* Shutterstock / Intrepix; *(B)* Shutterstock / Lars Koch; *(C)* Shutterstock / Matyas Rehak; *(D)* Cornelsen / Lutz Rohrmann; **S. 84:** Shutterstock / Anselm Baumgart; **S. 85:** *oben* Cornelsen / Lutz Rohrmann; *unten* Shutterstock / Axel Lauer; **S. 86:** *(A)* Shutterstock / Kzenon; *(B)* Shutterstock / JanVlcek; *(C)* Shutterstock / joingate; *(D)* Shutterstock / Shaiith; **S. 87:** © Andres Underladtstetter, Santa Cruz, Bolivia; **S. 88:** *(A)* Shutterstock / Kirill Livshitskiy; *(B)* Shutterstock / Circumnavigation; *(F)* Fotolia / Martina Berg; *(G)* Fotolia / libertone Gennaro; *(H)* Fotolia / Dusan Kostic; **S. 89:** *oben links* Shutterstock / Antonio Guillem; *oben rechts* Shutterstock / aleg baranau; *unten links* Fotolia / lucazzitto; *unten rechts* Fotolia / Matthias Krüttgen; **S. 91:** *Bratwürste* Shutterstock / Joe Gough; *Bild in Tablet* Shutterstock / AnikaNes; *Hintergrund* Fotolia / Max Diesel; *(A)* Shutterstock / Goodluz; *(B)* Shutterstock / auremar; *(C)* Cornelsen / Hugo Herold; *(D)* Shutterstock / Riccardo Piccinini; **S. 92:** *Schule* Cornelsen / Hugo Herold; *Freizeit* Shutterstock / Julia Pivovarova; *Wohnen* Shutterstock / Schneider Foto; *Verkehr* Shutterstock / Christian Mueller; *Miriam* Shutterstock / Maria Bobrova; *Katja* Shutterstock / Riccardo Piccinini; *Essen* ClipDealer / st-fotograf; *Klima* Fotolia / Paul Maguire; *Joscha* Shutterstock / Goodluz; **S. 93:** Cornelsen / Hugo Herold; **S. 94:** Cornelsen / Hugo Herold; **S. 95:** Cornelsen / Hugo Herold; **S. 96:** *oben links* Shutterstock / racorn; *unten rechts* Shutterstock / Goran Bogicevic; *unten Mitte* Fotolia / Fotowerner; *oben rechts* Fotolia / Daniel Mock; *unten links* Fotolia / NilsZ; **S. 97:** *Hintergrund* Cornelsen / Lutz Rohrmann; **S. 100:** Shutterstock / Andre Bonn; **S. 101:** Cornelsen / Hugo Herold; **S. 103:** *oben* Cornelsen / Wildfang; *Mitte links* Shutterstock / pavalena; *Mitte 2. von links* Shutterstock / Trueffelpix; *Mitte rechts* Shutterstock / Yulia Buchatskaya; *unten rechts* Shutterstock / Nadezda Grapes; **S. 104:** *unten links* Shutterstock / blambca; *unten rechts* Shutterstock / Alexey VI B; *(A)-(F)* Cornelsen / Wildfang; **S. 105:** *Hintergrund* Fotolia / Max Diesel; *(A)* picture alliance / dpa / Britta Pedersen; *(B)* Cornelsen / Lutz Rohrmann; *(C)* Fotolia / Ekaterina Pokrovsky; *(D)* Shutterstock / 360b; **S. 106:** *oben rechts* Shutterstock / jan kranendonk; *Berlinale TOPICMedia Service* / imageBROKER / Jürgen Henkelmann; *Hintergrund* Shutterstock / Boris Stroujko; *Modestadt* Shutterstock / vipflash; *Karneval der Kulturen* Shutterstock / Axel Lauer; *Sony-Center* Fotolia / gertbunt; **S. 107:** *Marlene Dietrich* akg-images / Album; *Paul Lincke* picture-alliance / dpa; *oben rechts* Shutterstock / LensTravel; *oben links* Mauritius / imageBROKER / Juergen Schwarz; *Die Prinzen* imago / epd; *Nepper, Schlepper, schlechte Rapper* Shutterstock / cappi thompson; **S. 109:** Shutterstock / badahos; **S. 110:** *Blue-Man-Group* Shutterstock / s_bukley; *Siegessäule* Fotolia / Katja Xenikis; *Holocaust-Denkmal* Shutterstock / Philip Bird LRPS CPAGB; *Kaufhaus* Alexa TOPICMedia / imagebroker / Julia Woodhouse; *Die Gorillas* Christian Fessel; *Reichstag* Fotolia / philipus; **S. 113:** *Hintergrund* Fotolia / Max Diesel; *(A)* Shutterstock / Volodymyr Goinyk; *(B)* Shutterstock / guentermanaus; *(C)* Shutterstock / Gail Johnson; *(D)* Shutterstock / Lukasz Kurbiel; *(F)* Shutterstock / Alexander Chaikin; *(E)* Shutterstock / kropic1; **S. 114:** *Mitte* Shutterstock / Nerthuz; *oben links* Shutterstock / Siberia – Video and Photo; *oben rechts* Shutterstock / eurobanks; *unten* Cornelsen / Hugo Herold; **S. 116:** *(E)* Shutterstock / Bruno Ismael Silva Alves; *(A)* Shutterstock / FloridaStock; *(B)* Shutterstock / Dariush M; *(C)* Shutterstock / Bara22; *(D)* Shutterstock / Harvepino; **S. 117:** *oben* Shutterstock / tab62; *(B)* Fotolia / Aamon; *(C)* Fotolia / Pictures4you; *(D)* Fotolia / Bjoern Wylezich; **S. 119:** *oben* Shutterstock / gpointstudio; *unten* Shutterstock / racorn; **S. 121:** *Hintergrund* Fotolia / Max Diesel; *(A)* Fotolia / sborisov; *(B)* Cornelsen / Lutz Rohrmann; *(C)* Fotolia / World travel images; *(D)* Shutterstock / Dan Breckwoldt; *(E)* Shutterstock / Olaf Schulz; **S. 122:** *2. von oben* F1online; *3. von unten* Shutterstock / bikeriderlondon; *oben* Fotolia / blende40; *2. von unten* Fotolia / Juergen Schonnop; *unten* Shutterstock / withGod; *3. von oben* Europa-Park GmbH; **S. 123:** *links* Shutterstock / Scirocco340; *2. von links* Shutterstock / Boris Stroujko; *2. von rechts* Shutterstock / Volker Rauch; *rechts* Shutterstock / Jiri Papousek; **S. 124:** *(A)* Fotolia / Diana Kosaric; *(B)* Fotolia / Tatjana Balzer; *(C)* Shutterstock / Olgysha; *(D)* Europa-Park GmbH; *unten rechts* Cornelsen / Hugo Herold; **S. 125:** Fotolia / Clemens Schüßler; **S. 126:** *unten rechts* Deutsche Bahn AG / DB Systel GmbH / Frank Barteld; *oben Mitte* Deutsche Bahn AG / Wolfgang Klee; *unten links* Deutsche Bahn AG / Bernd Lammel; *oben rechts* Deutsche Bahn AG / Hans-Joachim Kirsche; *oben links* Deutsche Bahn AG; **S. 127:** Deutsche Bahn AG; **S. 129:** *Hintergrund* Fotolia / Max Diesel; *(A)* Shutterstock / Ilike; *(B), (C), (D)* Cornelsen / Hugo Herold; **S. 130:** Cornelsen / Hugo Herold; **S. 131:** Cornelsen / Hugo Herold; **S. 132:** *unten rechts* Shutterstock / Digital Genetics; *unten Mitte* Shutterstock / Surrphoto; *unten links* Shutterstock / Evgeny Karandaev; *oben links* Shutterstock / chromatos; *oben Mitte* Shutterstock / HSNphotography; *oben rechts* Shutterstock / kropic1; **S. 133:** *(A)* Shutterstock / CandyBox Images; *(B)* Shutterstock / littleny; *(C)* Shutterstock / dwphotos; *(D)* Cornelsen / Hugo Herold; *(E)* Shutterstock / Syda Productions; *(F)* Shutterstock / Ruslan Guzov; **S. 137:** Shutterstock / Alexander Ishchenko; **S. 138:** *links* Shutterstock / Christian Bertrand; *rechts* Shutterstock / Andrija Kovac; **S. 139:** *oben* Shutterstock / clearlens; *unten* akg-images; **S. 140:** *(1)* Shutterstock / Skryl Sergey; *(2)* Shutterstock / DVARG; *(3)* Shutterstock / Tele52; *(4)* Shutterstock / Artco; *(5)* Shutterstock / Pixe Embargo; *(7)* Shutterstock / BACO; *(6)* Shutterstock / kstudija; *(8)* Shutterstock / block23; **S. 141:** ZDF Enterprises / Helena Ekre; **S. 142:** *Karte* Cornelsen / Volkhard Binder; *alle anderen* Cornelsen / Wildfang; **U2, U3:** *Karten* Cornelsen / Volkhard Binder.